Vorwort

Sich auf einem Ponton von den Elbwogen wiegen lassen. Spektakuläre Aussichten genießen. Unvergleichliche Kekse knuspern. Im Anblick eines Gemäldes versinken ... So vieles kann einen Glücksmoment bedeuten. Wer in Hamburg unterwegs ist, kann sich immer wieder neu davon überraschen lassen, wie viele davon in dieser Stadt stecken – vorausgesetzt natürlich, man nimmt diese Momente auch wahr. Dieses Buch soll Sie dabei begleiten und dazu anregen, unbekanntere und genauso auch schon bekannte Plätze oder Details mit allen Sinnen zu entdecken. Es ist ein Reiseführer der besonderen Art, der den Blick richtet auf Dinge zum Genießen, Verlieben, Sichwohlfühlen. Und weil jeder für sich Glück natürlich auch etwas anders definieren kann, lädt es zugleich dazu ein, auch noch weitere Facetten auf dieser besonderen Reise durch die Hansestadt zu erleben.

Viel Freude dabei wünscht Ihnen
Christine Lendt

St. Pauli und Hafen

Für die wohl meisten ist es der Teil von Hamburg, der für besonders viele Glücksmomente sorgt: Schon allein auf einem Poller zu sitzen und dem Treiben im Hafen zuzuschauen, Sonne und Wind im Gesicht, genügt für wunderbare Augenblicke. Unterwegs zu sein auf St. Pauli, manche verbinden es noch mit reiner Fleischeslust, bedeutet vielmehr: jede Menge Kultur, Spaß und ein immerhin ziemlich abwechslungsreiches Nachtleben. Also auf geht's in den Genuss!

Wie das hier
ÜBERALL DUFTET ...

Köstliche Kaffeeverkostungen im Speicherstadtmuseum

Frisch gebrühter Kaffee verströmt seinen Duft, während die Sonne ihre ersten Strahlen durchs Fenster schickt ... Was bei vielen Menschen morgens wohlige Gefühle weckt, lässt sich in der Speicherstadt noch intensivieren. Hier, wo der Geist der Kolonialwarenzeit auflebt, können die Besucher in die Vielfalt der Aromen eintauchen. Bei den Verkostungen erfährt man unter anderem, inwiefern sich eine Rarität von einer Mischung aus dem Supermarkt unterscheidet oder was einen guten Espresso ausmacht. Dazu gibt es eine Führung durch das Speicherstadtmuseum zum Thema Kaffeehandel und -konsum. Griepen, Kaffeesäcke, Fässer, Ballen und Zuckerklatschen sind zum Beispiel zu bestaunen. Auch wer das munter machende Heißgetränk eher verschmäht, dürfte Gefallen daran finden, die Speicherstadt dort einmal von innen zu erleben, im authentischen Ambiente eines Lagerhauses aus dem Jahre 1888. Und dabei spannende Einblicke in den Handel mit Kaffee, Kakao, Tee und Kautschuk zu gewinnen sowie in die Arbeit der Quartiersleute – so nannte man die Lagerhalter. Anhand zahlreicher historischer Fotos und Pläne ist außerdem einiges über die Baugeschichte der Speicherstadt zu erfahren. Sie bildet sozusagen das seemännische Pendant zum benachbarten, von Kaufmannstum geprägten Kontorhausviertel (siehe S. 60). Ab 1883 als zollfreie Lager- und Handelszone geschaffen, gilt sie heute als das größte zusammenhängende Speicherensemble der Welt, bildet eine attraktive Kulisse für Fotos und fasziniert bei Hafenrundfahrten.

Am Sandtorkai 36 · 20457 Hamburg · Tel. 040/32 11 91 · Mo–Fr 10 –17 Uhr, Sa/So, feiertags 10–18 Uhr · auch Events wie Krimilesungen · U-Bahn Meßberg · www.speicherstadtmuseum.de

GLÜCKSVERSTÄRKER

Die historische Speicherstadt
Hamburgs ist mit vielen weiteren
kulturellen Highlights gespickt,
die es auf Rundgängen zu ent-
decken gilt, zum Beispiel das
Miniatur Wunderland, die größte
Modelleisenbahnanlage der Welt.
Hier leben auch für jeden Er-
wachsenen Glücksmomente der
Kindheit wieder auf!

Multikulti
IM PORTUGIESENVIERTEL

Wo es in Hamburg ganz südländisch zugeht

Zwischen Neustadt und Hafen, Michel und Landungsbrücken geht es in den sonnigen Süden – für ein paar Stunden, einen Abend oder einen ganzen Tag. Zu beiden Straßenseiten reihen sich Tische, an denen fröhlich-entspannte Menschen sitzen. Man prostet sich zu, genießt das Leben, irgendwo spielt immer Musik oder ein Fernseher überträgt Fußball. Der Duft von gebratenem Fisch liegt in der Luft. Auf den Tischen stehen Oliven, Aioli, Tapas und Brot. Das Hauptgericht? Ach später, erst mal noch ein Glas Wein! Es ist eine Stimmung wie am Mittelmeer, hier im Portugiesenviertel, das auch »Lissabon des Nordens« genannt wird.

In diesem multikulturellen Dorf nahe dem Hafen leben jedoch längst nicht mehr nur Portugiesen. Mit seinem lauschigen Flair zieht es Stadtbesucher genauso an wie Hamburger, die Lust auf einen gefühlten Kurzurlaub haben. An den Straßen und in jedem Winkel verströmen zahlreiche Restaurants, Straßencafés, Bodegas und Tapasbars südländische Atmosphäre. Doch auch Nordisches und anderes ist zu entdecken, etwa skandinavische Seemannskirchen, Läden für brasilianisches Wohndesign und eine Modeboutique, eine türkische Bäckerei, ein pakistanischer Friseursalon und eine Eisenkrämerei. Man pflegt die Nachbarschaft der Kulturen und gründete die Initiative Portugiesenviertel (IPV), die auch regelmäßig Projekte organisiert. Das Viertel wurde durch die Einwanderung von Gastarbeitern in den 1960er-Jahren geprägt. Erste Restaurants wie das Galego und das Sagres siedelten sich vorsichtig in erster Hafenreihe an. Zu den Pionieren, die sich in die hinteren Lagen trauten, gehört das Restaurante Porto.

- -

Das Portugiesenviertel liegt zwischen Ditmar-Koel-Straße, Vorsetzen, Johannisbollwerk und Neuem Weg · U-Bahn/S-Bahn Landungsbrücken

GLÜCKSVERSTÄRKER

Als Familie Soares-Vasconcelos ihr Restaurante Porto 1984 eröffnete, gab es noch keine Wettbewerber im heutigen Touristenmekka. Geblieben ist ihre ehrliche Küche, zum Beispiel Grünkohlsuppe (Caldo Verde) aus der Provinz Minho, das Nationalgericht Bacalhau nach Hausrezept oder gegrillte Sardinen, und das alles immer serviert mit einem Lächeln. Da wird einem selbst beim Hamburger Schietwetter ganz warm.

www.restaurante-porto.de

Hoch oben
AUF DER ELPHI-PLAZA

Hochkarätige Ausblicke
und erhebende Gefühle

*S*chon der Weg zur Plaza bringt das Herz zum Schwingen. Eine 82 Meter lange, gebogene Rolltreppe – weltweit die einzige ihrer Art – trägt einen durch die »Tube« hinauf, begleitet von Tausenden funkelnden Pailletten. Die zweieinhalbminütige Fahrt endet vor dem Panoramafenster im sechsten Obergeschoss, wo dem Besucher angesichts des Hafens ein erstes »Ahhh ...« entfährt. Dabei kommt das Beste doch erst noch, wenn man mit einer weiteren Rolltreppe zwei Etagen höher fährt. Diese führt direkt zur Plaza, der die Elbphilharmonie umrundenden Aussichtsplattform in 37 Meter Höhe. Sie entlangspazierend eröffnen sich immer wieder neue Blicke auf die Stadt und auf den Hafen. Zudem verbindet die Plaza den traditionellen Hafenspeicher, der den Sockel des Konzerthauses bildet, mit dem darauf sitzenden gläsernen Neubau. Erhebende Gefühle weckt auch die Innenplaza mit ihren Spiegelflächen und Sichtachsen. So öffnet sich etwa ungefähr in ihrer Mitte durch einen Lichtschacht der Blick bis in die Konzertfoyers des 12. bis 17. Obergeschosses.

----

*Elbphilharmonie Besucherzentrum ·
Am Kaiserkai 62 (gegenüber der
Elphi) · tägl. 10–20 Uhr ·
www.elbphilharmonie.de*

Eine Nacht im
MINI-HOTEL »GREIF«

Hafenromantik für eine Zeit
wirklich nur zu zweit

Die Abendsonne lässt die gläsernen Fassaden entflammen, im freien Blick ragen die Wellen der Elbphilharmonie in den Himmel. Wo einst der Kranführer saß, acht Meter über der Wasserlinie, ist nun Raum für zwei sich gern habende Menschen, die eine bezaubernde Aussicht genießen können. Und für niemanden sonst: Dieses Hotel haben zwei für

GLÜCKSVERSTÄRKER

Unten im Hafenkran lebt Seefahrerromantik auf. Hier zog Harrys Hafenbasar ein mit maritimen Schätzen aus allen Erdteilen. Besucher können sich auf eine Reise begeben zu afrikanischen Stämmen, in asiatische Tempel, zu südamerikanischen Völkern und an Orte, die es laut Betreiber »schon gar nicht mehr gibt«. Und wer in diesem Kabinett aus Kuriositäten etwas entdeckt, kann das Ausstellungsstück auch gleich erwerben.
www.hafenbasar.de

sich ganz allein: In der ehemaligen Kabine – der Hebel, der den starken Kranarm bewegte, um Versorgungscontainer auf Schiffe zu laden oder Anker aus der Elbe zu ziehen, ist noch vorhanden. Im den kuscheligen Raum beinahe komplett ausfüllenden Doppelbett. Unten vor dem knisternden Kamin oder im offenen Badezimmer. Oder auf der kleinen Sonnenterrasse mit freier Sicht auf Hamburgs neues Wahrzeichen. Für den Abend stehen ausgewählte Weine, Hamburger Gin und Champagner bereit. Und morgens kommt ein guter Geist vorbei mit einem üppig beladenen Frühstückskorb; feine Leckereien breiten sich vor dem Panorama im Sandtorhafen aus. Nun noch etwas ins Gästebuch geschrieben, wie es auch Nadja und Marco an einem Novembertag taten: »Überrascht … überwältigt … überzeugt … verzaubert … verlobt!«

Am Sandtorkai 60 · 20457 Hamburg ·
Kontaktadresse: Märkisches Ufer 22 ·
10179 Berlin · Tel. 030/81 86 45 91 ·
www.floatel.de

Durchatmen
IM LOHSEPARK

Die grüne Stadtoase
mitten in der Hafencity

Im Nirgendwo einer einst brach liegenden Industrielandschaft sprießt und blüht es. Der Lohsepark auf der Halbinsel zwischen Oberhafen und Baakenhafen bildet eine grüne Oase in der neu gewachsenen Hafencity, herrlich zum Spazierengehen oder um es sich auf einer der einladenden Bänke gemütlich zu machen und die urban-idyllische Stimmung aufzusaugen.

Rund 500 Bäumchen wurden hier rings um die Wiesenflächen gepflanzt. Junge Apfelbäume und andere regionale Konsorten versprechen eine ertragreiche Zukunft. Für alle, die sich noch mehr bewegen möchten, gibt es Trampoline, eine Multifunktionsfläche, einen Basketballplatz und schon fertig gespannte Slacklines. Auch ein Kinderspielplatz fehlt nicht.

Insgesamt sorgen vier Hektar Parkfläche für besinnliche oder aktive Freuden- und Glücksmomente. Am besten verbindet man den Ausflug in den Lohsepark mit einem Sightseeing zu den maritimen Museen und anderen Attraktionen ringsherum. Wer an der Hafencity Universität aussteigt, steht schon beinahe im Grünen. Und es lohnt sich, den Spaziergang auszudehnen, noch am Wasser entlangzulaufen und die anderen Winkel der Hafencity zu erkunden, in der sich noch immer viel verändert.

Und eines muss hierzu noch gesagt werden, auch wenn es gar nicht glücklich macht: Eine diagonale Schneise aus Beton und Gleisschotter durchzieht den Lohsepark, genau dort, wo einst Bahngleise verliefen. Diese sogenannte Fuge erinnert an den 1955 gesprengten Hannoverschen Bahnhof und damit an die Deportationen von Juden, Roma und Sinti aus Hamburg in den Jahren 1940 bis 1945. Die Schneise verbindet einige Überreste des ehemaligen Bahnsteigs 2 mit denen des einstigen Bahnhofsvorplatzes. Das denk.mal Hannoverscher Bahnhof mahnt uns alle, auch dies nicht zu vergessen.

Der Lohsepark ist ein zentral gelegenes grünes Stadtquartier mit viel Geschichte mitten in der Hafencity.

Kulturapfel 'Rheinischer Bohnapfel'

Malus domestica 'Rheinischer Bohnapfel'

© HafenCity VOGT

Aufseufzen
IM VIEW POINT

Spektakuläre Ein- und Ausblicke inmitten der Hafenszenerie

Das knallorange Etwas im Baakenhafen erinnert von Weitem an einen futuristischen Dinosaurierkopf. Das bemerkenswerte Äußere des View Points ist natürlich kein Zufall. Architektin Karin Renner ließ sich bei der Gestaltung von den »tierhaften Krananlagen im Hafen« inspirieren und von »einem Periskop, das aus dem Nichts auftaucht und rundumschaut«. Die Stufen führen hinauf zu einem spektakulären 360-Grad-Panorama der Hafencity. Schautafeln und ein Fernrohr bringen einem die markanten Plätze des neu gewachsenen Stadtteils näher. Im Inneren des Dinosauriers informieren Schautafeln über alles, was in der jeweiligen Himmelsrichtung zu sehen ist. Mal schweift der Blick über die noch wachsende Urbanisation, mal über das geschäftige Treiben der Kräne und Hafenanlagen, und immer wieder zeigt sich die »Elphi« in anderen Perspektiven.

Hinter der Speicherstadt setzt die moderne Hafencity Kontraste mit viel Glas; ein wohl unvergleichbares Stadtentwicklungsprojekt, das laufend neue Eindrücke und auch viel Kulturelles bietet. Auf dem einst zum Freihafen gehörenden Gelände wächst eine Stadt in der Stadt, mitsamt Universität und eigener U-Bahn-Linie (U4). Dazu gehören die Elbarkaden und einige Museen, urige Gastronomie wie die Oberhafenkantine und das Fleetschlösschen genauso wie schicke Lokale an der Kaipromenade. Wie es den Hamburgern erging, die am 16. Februar 1962 von der Jahrhundertflut überrollt wurden, zeigt eine interaktive Dauerausstellung in den Elbarkaden der Hafencity.

GLÜCKSVERSTÄRKER

Mit der Hamburg Card viel Geld sparen: Das Entdeckerticket (ab 10,50 Euro) bietet freie Fahrt mit Bus, Bahn und Hafenfähren (HVV) und bis zu 50 Prozent Rabatt bei über 150 touristischen Angeboten. Auch als Online- oder Handyticket erhältlich.

www.hamburg-tourism.de/suchen-buchen/hamburg-card/

Auf der »Brücke«

IM MARITIMEN MUSEUM

Einmal selbst einen Ozeanriesen steuern

Auf beiden Seiten nähern sich Containerschiffe, an Steuerbord und Backbord. Also am besten mittig bleiben, aber es wird knapp ... Nun zieht auch noch Nebel auf. »Noch können wir die Richtfeuerlinie sehen, aber die Sicht wird immer schlechter«, mahnt die Stimme des diese Fahrt betreuenden Fachkundigen. »Nun können wir die entgegenkommenden Fahrzeuge schon nicht mehr sehen.« Auf dem High-Tech-Schiffsführungssimulator können Besucher eine ganz besondere Perspektive einnehmen: Als Kapitän, Lotse oder Rudergänger eintauchen in die Welt der großen Container- und Kreuzfahrtschiffe – wohl eines der erhebendsten Gefühle. Möglich ist es zu bestimmten Terminen (siehe Homepage).

Das Internationale Maritime Museum informiert in einer zehn Schiffdecks umfassenden Ausstellung multimedial rund um das Thema Seefahrt. Dieses Museum lohnt schon allein wegen seiner schönen Gestaltung den Besuch. Es befindet sich in einem ehemaligen Speichergebäude und ist edel ausgestattet mit allerlei nautischen Details. Auf Deck 6 kann man sich an eine echte Reling stellen – da fühlt jeder sich gleich wie ein Passagier auf einem echten Kreuzfahrtschiff. Und für alle, die es etwas kleiner schätzen, ist die Queen Mary 2 als ein sieben Meter langes Lego-Modell zu bestaunen.

Koreastr. 1 · 20457 Hamburg · Tel. 040/30 09 23 00 · Di–So 10–18 Uhr · U-Bahn Überseequartier · www.internationales-maritimes-museum.de

GLÜCKSVERSTÄRKER

Kultur-Hopping per Boot: Eine Barkassenfahrt mit der »Maritime Circle Line« steuert in 90 Minuten acht maritime Attraktionen und Museen Hamburgs an, wobei man als Besucher so viele Zwischenstopps einlegen kann, wie man möchte.
www.maritime-circle-line.de

1 **Café Paris** Rathausstraße 4. Im Salon aus dem 19. Jahrhundert wird französische Küche serviert. Die üppige internationale Frühstückskarte enthält auch ein »Hamburger Frühstück«. Die perfekte Liaison.
www.cafeparis.net

2 **Frau Larsson** Peter-Marquard-Straße 13. Nach Rezepten des Großvaters gibt es süße Eierpfannkuchen mit Apfelmus, Zimtschnecken wie in Astrid Lindgren-Geschichten und natürlich echte »Köttbullar«.
www.frau-larsson.de

3 **Café unter den Linden** Juliusstraße 16. Charmantes Café mit lauschiger Terrasse zum intellektuellen Frühstücken oder schlichten Genießen von ausschließlich hausgemachten Kuchen und Speisen.
www.cafe-unter-den-linden.net

4 **Café Stenzel** Schulterblatt 61. amilie Stenzels Traditionskonditorei mit gemütlichem »Oma-Café«. Hier wird noch selbst gebacken mit guter Butter und echter Bourbonvanille.
www.cafe-stenzel.de

5 **eiskantine** Kohlhöfen 10. Eis aus eigener Herstellung. Mittagskarte mit Suppen, Tartes oder Quiches. Stilvoll-spartanisch eingerichtet mit Vintage-Möbeln.
www.eiskantine.com

6 **Café Geyer** Hein-Köllisch-Platz 1. Sympathische Café-Bar am Hein-Köllisch-Platz. Frühstück, Kaffee und hausgemachter Kuchen, Mittagstisch (auch vegetarisch) und abends Drinks. *Tel. 040/23 93 61 22*

7 **Gretchens Villa** Marktstraße 142. Eine Café-Residenz in Türkis und Gold. Kaffeespezialitäten, Frühstück, kleine Speisen und ein paar schöne Dinge zum Kaufen. *www.gretchens-villa.de*

8 **Lilli Su** Große Rainstraße 18. Einfach bezaubernd, dieses Café-Bistro-Lädchen! Man sitzt fast wie im Wohnzimmer bei Bio-Leckereien, Tees und Wohnaccessoires sowie anderen süßen Dingen. *www.lillisu.de*

9 **Ribatejo** Bahrenfelder Straße 56. Uriges portugiesisches Café. Ein Teil des Lokales ist offen wie ein Hof im Süden, dazu Holzbänke, eine Bar mit kalten Tapas und warme Variationen von der Karte. *www.ribatejo.de*

10 **Ponton op'n Bulln** Fähranleger Blankenese (am Strandweg). Im Imbiss-Café von Blankenese gibt es Sonnenuntergänge wie am Meer, schmucke Segelboote und Lachsfrikadellen zum Glas Rosé. *https://pontonopnbulln.kajuetesb12.de*

Hotelschiffe
MIT VIEL KULTUR AN BORD

Sich von den Elbwogen in den Schlaf wiegen lassen

Glückselig einschlummern mit der Elbe unterm Kiel. Wach werden mit dem Blick durchs Bullauge, untermalt vom Lied der Seemöwen. Das ist möglich in Hamburg, und zwar an den Landungsbrücken. Die Cap San Diego, das größte fahrtüchtige Museumsschiff der Welt, bietet Einzel- und Doppelkabinen. Sie wurden originalgetreu modernisiert und restauriert. Wer es ganz exklusiv möchte, bucht eine Nacht in der Kapitänssuite.

Nahe der Speicherstadt liegt ein kleines knallrotes Wassergefährt am Pier. Das Feuerschiff ist Hotel, Bar und Restaurant zugleich, obendrein bietet es regelmäßig Veranstaltungen. Für noch mehr Kulturgenuss vor dem Einschlafen gibt es ganz in der Nähe eine schwimmende Bühne: das Theaterschiff mit der wohl einzigen hochseetüchtigen Bühne Europas. Zu Kulturgenuss und Schwelgereien lädt außerdem die ehrwürdige Rickmer Rickmers an den Landungsbrücken ein. Auf dem schwimmenden Museumsschiff lässt es sich übrigens vorzüglich speisen.

Vor dem Schlafzimmer, sozusagen, lädt die maritime Flaniermeile dazu ein, den Landungsbrücken und der Elbe noch weiter zu folgen (siehe nächstes Kapitel) oder die benachbarte Speicherstadt zu erkunden, weitere Sehenswürdigkeiten zu entdecken oder in ein leckeres Fischbrötchen zu beißen. Kurz sind auch die Wege zum Fischmarkt, zur Reeperbahn und in die Innenstadt.

Seefeste könnten sich auch auf eine Fahrt wagen, etwa auf der Großer Michel. Sie ist hauptsächlich als Event- und Charterschiff unterwegs, nach frühzeitiger Reservierung sind aber auch Übernachtungen möglich – in individuell gestalteten, komfortablen Kabinen mit Duschbad. Zum Wohlgefühl an Bord trägt ein kleiner Fitness- und Wellnessbereich mit Sauna und Tauchbecken bei.

- -

www.capsandiego.de ·
www.das-feuerschiff.de ·
www.theaterschiff.de ·
www.grossermichel.de ·
www.rickmer-rickmers.de

Von den Landungsbrücken
BIS ÖVELGÖNNE

Glücksmomente an der Elbe, Hamburgs Lebensader

Von der Hafencity bis nach Wedel führen Wege und Promenaden am herrlichen Elbufer entlang, größtenteils von Radwegen begleitet und perfekt auch zum Inlineskaten oder Joggen geeignet. Ein besonders schöner Abschnitt zum Spazierengehen mit netten Pausenplätzen liegt zwischen Övelgönne und Teufelsbrück – eine Teilstrecke von drei Kilometern mit der Möglichkeit, auf dem Rückweg die Fähre zu nehmen.

Startpunkt ist der Museumshafen in Övelgönne. Hier sollte man zunächst einen Schlenker über den Anleger mit den sehenswerten historischen Schiffen einlegen. Dann geht es immer nahe am Wasser entlang: vorbei an einigen Restaurants mit meist gut besuchten Elbe-Biergärten bis zum Strand und diesem folgen oder, parallel dazu, auf dem etwas oberhalb liegenden Fußweg vorbei an den pittoresken, jahrhundertealten Kapitäns- und Lotsenhäusern. Schon 500 Meter weiter laden Hamburgs legendäres Beach-Lokal Strandperle und das daneben liegende Ahoi dazu

ein, die Tour zu beenden und es sich mit einem Cappuccino in einem der Liegestühle bequem zu machen. In derselben Richtung ist bald der »Alte Schwede« erreicht: Der riesige Findling am Elbstrand, 217 Tonnen schwer und 4,5 Meter hoch, genießt Promi-Status. Er wurde 1999 bei der Ausbaggerung der Elbe gefunden. Ab hier führt der Elbwanderweg stellenweise durch lauschiges Grün bis zum Fähranleger Teufelsbrück, unterbrochen von wilden Strandabschnitten. Hier gibt es ein weiteres trendiges Elblokal; es löste die ehrwürdige »Elbkate« ab, bietet einen Biergarten, Strandkörbe und einen netten Innenbereich. Wer von hier noch etwas weiterläuft, vorbei an einer inoffiziellen FKK-Zone, findet schon bald besonders schöne Strandplätze vor, mit umgestürzten Bäumen, auf denen Kinder gern herumklettern. Sobald das Wetter es zulässt – und das ist, finden Hamburger, bereits bei acht Grad plus und leichtem Nieselregen der Fall –, liegt der Duft von Gegrilltem in der Luft und die Lieblingsplätze füllen sich mit Picknickdecken.

Musik und Film

TOP 5

1 **Hamburgische Staatsoper** Große Theaterstraße 25. Dahinschmelzen bei Oper oder Operette. Auch die Ballettsparte von John Neumeier kann sich sehen lassen. Bei Führungen sind Blicke hinter die Kulissen möglich.
www.hamburgische-staatsoper.de

2 **Laeiszhalle** Johannes-Brahms-Platz 1. Hier schwingen namhafte Dirigenten den Taktstock, spielen weltbekannte Sinfonieorchester und Philharmoniker auf, aber auch Popkünstlerinnen wie Tori Amos.
www.elbphilharmonie.de/laeiszhalle.de

3 **Metropolis Filmtheater** Kleine Theaterstraße 10. Programmkino vom Feinsten mit Retrospektiven, Beiträgen zu Filmfestivals, Filmessays und anderen Highlights.
www.metropoliskino.de, www.hamburger-kinoforum.de

4 **Der König der Löwen** Norderelbstraße 6. Seit mehr als zwölf Jahren erwacht die Serengeti unter dem savannengelben Zeltdach. Schon die Anfahrt mit dem Schiff ist ein Erlebnis.
www.hamburg.de/koenig-der-loewen

5 **Schmidt Theater & Schmidts Tivoli** Spielbudenplatz 24–28. Die beiden benachbarten Reeperbahn-Bühnen präsentieren »modernes Volkstheater für Kopf und Herz«, immer schrill, bunt und skurril.
www.tivoli.de

Strand Pauli
DER SCHÖNSTE BEACHCLUB

Hamburger Hafenkulisse
meets Ibiza-Flair

Schon die einmalige Lage macht diesen Ort zu einem ganz besonderen: direkt gegenüber der Docks von Blohm + Voss, in denen Ozeanriesen repariert werden, direkt oberhalb der Elbe mit den vorbeiziehenden Schiffen aller Art und Größe. Und dann erst das Innenleben dieses Beachclubs: Strand Pauli ist Ibiza. Eine bunte Insel in der Metropole, etwas Flower-Power vor der Hamburger Hafenkulisse. Liebevoll gestaltet bis auf den letzten Winkel, gegrillt wird auf der Motorhaube eines Oldies.

Außerdem gibt es leckere Pizza, Salate und andere Speisen. Besonders gut kommt diese Mischung an, wenn eine Party steigt und elektonische Klänge für good vibes sorgen.

St. Pauli Hafenstr. 89 · U-Bahn/S-Bahn Landungsbrücken ·
www.strandpauli.de (Kontakt über Homepage, keine Tel.-Nr.) ·
Mo–Do 11–23 Uhr, Fr, Sa und vor Feiertagen 11–24 Uhr, So 11–23 Uhr ·
Frühstücksbuffet jeden So ab 10 Uhr

Auf dem Elbwasser TANZEN

Zu Gast in Frau Hedis schwimmendem Tanzkaffee

Hochoffiziell heißt es ja eigentlich Frau Hedis Tanzkaffee, aber das verrät nicht, was das Besondere daran ist. Dieses »Tanzkaffee« ist nämlich ein schwimmender Club auf der Elbe, ein immer funkelnder Stern im Hamburger Nachtleben. Mit Bar, DJs oder Bands lädt die Hafenbarkasse stündlich dazu ein, mit in See zu stechen. Tanzen und dabei das Panorama des Hamburger Hafens genießen, besser geht's nicht.

Inzwischen gibt es auch mal Open-Air-Kino auf der Hedi, und sie hat einige Schwestern bekommen: Frau Claudia, Laura, Irma, Heike und Ursula. Viele musikalische Liebeserklärungen an die Hafenstadt und St. Pauli bei Nacht.

Es ist schlichtweg ein Knaller, auf der Elbe bei Latin-, Soul- und Popmusik zwischen den großen Pötten und durch die Speicherstadt zu schippern. Aber dabei bitte immer schön locker bleiben! Junggesellinnenabschiede sind nicht erwünscht, Etepetete passt auch nicht wirklich. Die Plätze auf der Barkasse sind begrenzt und begehrt.

Abfahrt jeweils an den St. Pauli Landungsbrücken/Brücke 10, Innenkante · U-Bahn/S-Bahn Landungsbrücken · Termine und Tickets unter www.frauhedi.de · Ticket-Direktverkauf auch beim St. Pauli Tourist Office (www.pauli-tourist.de)

Balboa
IM ELBSCHIFF-SALON

Tanzen vor dem Eisbrecher

Als Niels Helow an einem Frühjahrstag im Jahr 2014 durch Ottensen spazierte, kam er zufällig an einer Bar vorbei, wo er Swingmusik vernahm. Bis zur Straße drangen die heiteren Töne. Er trat ein und stellte fest: Im Hinterzimmer schwang man die Beine beim Balboa, einem innigen Paartanz, der erstmals in den 1930er-Jahren in Mode war. »Das hat mir gleich gefallen, also habe ich einen Flyer der Tanzschule mitgenommen und mich direkt angemeldet.« Bald sprang er als DJ ein bei den regelmäßigen Tanzkursen, die damals noch in der Feldstraße stattfanden. Als dafür neue Räumlichkeiten benötigt wurden, machte Niels sich im Sozialen Netzwerk auf die Suche. Es meldete sich ein Herr, der sagte: »Ich habe ein Boot.« Der Herr ist der Geschäftsführer des Elbschiffs, das vor dem Eisbrecher im Museumshafen Övelgönne liegt. Er zeigte Niels ein Foto vom Innenraum, einem Salon mit Parkettfläche, Bar und gemütlichen Tischen rundherum. »Ich hatte nur vier Worte: Wann kann ich vorbeikommen?«, erinnert sich Niels. So kam es zustande per Handschlag, und seither verwandelt sich der Elbschiff-Salon regelmäßig in einen Raum voller Leidenschaft für den besonderen Swing-Tanz. Für einen Obolus geht der Hut rum. »Es ist eine kleine Veranstaltung für die Balboa-Szene«, beschreibt es der Initiator. »Fremde Leute kommen selten vorbei, sind aber genauso willkommen.« Man darf auch einfach die Atmosphäre genießen bei gutem Essen oder einem Glas Wein.

GLÜCKSVERSTÄRKER

Wer den Balboa-Swingtanz erlernen möchte, kann sich den Schrittfolgen bei einstündigen Crashkursen zunächst annähern. Anschließend kann jeder das Erlernte ausprobieren bei Tanzmusik bis in den späten Abend.

Jeden zweiten Sonntag im Monat im Café SEIN (im Haus Drei, Hospitalstraße). Start des Crashkurses ist 18 Uhr. Spende an die Veranstalterin Marie erbeten.

Jeden zweiten Mittwoch im Mandaly Am Neuen Pferdemarkt. Start des Crashkurses ist 20.30 Uhr. Eintritt frei.

Hafenblick
VOM ALTONAER BALKON

Beim Picknick das Panorama genießen

Einen größeren und schöneren Balkon findet man in ganz Hamburg nicht. Von hoch oben auf dem Elbufer schweift der Blick über den geschäftigen Containerhafen bis hin zur Köhlbrandbrücke, einem weiteren Wahrzeichen der Hansestadt. Bänke laden dazu ein, dies auf sich wirken zu lassen. Die imposante Stahlkonstruktion, rund 35 000 Fahrzeuge passieren sie täglich, führt in hohem Bogen über den Köhlbrand, einen Seitenkanal im Hafen. Sie verbindet Letzteren mit der Autobahn A7. Mächtige Träger mit insgesamt 88 Stahlseilen halten die Brücke. Sie wurde 1974 eröffnet und im Zeitraum 2014 bis 2016 bereits aufwändig saniert, bekam eine neue Asphaltdecke sowie neue Fahrbahnübergänge. Derzeit überlegt man, wie es zu bewältigen wäre, dass sie ihren Aufgaben auch weiterhin gewachsen ist. Auf dem Altonaer Balkon lädt eine kleine Parkfläche im Hintergrund dazu ein, eine Picknickdecke auszubreiten, auch der eine oder andere Grill wird gern einmal angeworfen. Für Kinder gibt es einen Spielplatz.

Zentraler Blickfang auf dem Plateau ist die Bronzeplastik *Maritim* von Gerhard Brandes aus dem Jahr 1965, und wer sich aufmacht, auf den vorbeiführenden Pfaden die Umgebung zu entdecken, findet zum Beispiel eine verborgene Grotte oder versteckte Wege hinab zum Hafen. Der weitläufige Park setzt sich in Richtung Westen noch bis nach Neumühlen mit dem Museumshafen Övelgönne fort. Er bietet noch viele weitere schöne Winkel und Wege im Grünen, und dies mitten in Altona. In östlicher Richtung gelangt man unten am Hafen entlang bis zum Fischmarkt und den Landungsbrücken. Wer die gesamte Strecke von dort bis nach Neumühlen läuft, kann den Altonaer Balkon also auch wunderbar für eine Rast zwischendurch nutzen.

- -

Der Altonaer Balkon gehört zu einem Grünstreifen, der sich am nördlichen Elbufer entlang nach Westen erstreckt (am westlichen Ende der Palmaille gegenüber dem Altonaer Rathaus).

Dockland
A STAIRWAY TO HEAVEN

Eine Treppe
fast bis in den Hafenhimmel

Spaziert man hinter der Großen Elbstraße beim Cruise Center Altona am Hafen entlang, fällt ein schräges Gebäude nah am Wasser auf. Das komplett verglaste Haus erinnert an den Bug eines Schiffes. Steile Treppen führen hinauf zu einem der wohl spektakulärsten Blicke über den Hamburger Hafen. Er eröffnet sich von der 500 Quadratmeter großen Dachterrasse des Bürogebäudes »Dockland«. Diese Aussichtsplattform ist auch für die Öffentlichkeit frei zugänglich. Sie gilt als Geheimtipp bei frisch Verliebten, um wundervolle Sonnenuntergänge mit Hafenpanorama zu betrachten. So sind diese Treppen für manche *a stairway to heaven*. Am besten kombiniert man sie mit einer Schifffahrt, denn das Dockland ist über einen eigenen Anleger auch mit den Hafenfähren zu erreichen. Für besondere Momente sorgt außerdem ein Spaziergang direkt hinter den Gebäuden am Hafenbecken entlang Richtung Westen. Viele wissen nicht, dass es möglich ist, auf diesem Weg bis zum Museumshafen Övelgönne zu spazieren und einem dabei unter anderem die Flotte der auf ihren Einsatz wartenden Schlepper begegnet – eine Tour auch für schöne Fotomotive.

Van-der-Smissen-Str. 9 ·
22767 Hamburg

Park Fiction
ST. PAULI

Lässiges Miteinander
vor grandioser Hafenkulisse

Park Fiction ist St. Pauli. Die kleine Parkanlage am Rande des Stadtteils mit Blick auf die Elbe, gegenüber von Dock 10, zieht alle an: Herumstreuner, am Hein-Köllisch-Platz wohnende Studenten, Mütter mit ihren Kindern und auch junge oder gar nicht mehr so junge Nachtschwärmer, die sich hier müde von der letzten Party erholen. Vor beinahe echt wirkenden Palmen breitet sich die Kulisse des zentralen Hafens mit seinen Docks und Kränen aus; man relaxt auf großen, mit Rasen begrünten Wellen und lässt sie auf sich wirken. Die einen beim Dosenbier, andere bei Saft aus gewissensberuhigenden Nachfüllflaschen, und irgendwie verstehen sich doch alle ganz gut an diesem besonderen Platz. Und wenn nebenan im Golden Pudel Club gerade etwas läuft, ist die Stimmung umso besser, denn dann dient der Park Fiction auch gern mal als Chillout-Area. Im Hintergrund steht still die St.-Pauli-Kirche, fast wirkt es so, als zwinkerte sie ein wenig mit den Augen. Vielleicht liegt es daran: Auf Internetkarten eingetragen ist dieser Ort auch als »origineller öffentlicher Platz & Park«.

Offiziell: Schauermanns Park ·
20359 Hamburg

Harbour Front
LITERATURFESTIVAL

Lesungen an vielen
Schauplätzen des Hafens

Es kann sich im Bauch eines großen oder kleineren Schiffs ereignen, in einem modernen Glasgebäude der Hafencity (etwa der Kühne Logistics University), im Altonaer Museum, in ehrwürdigen Hamburger Klassikern wie der Laeiszhalle oder als Krönung auch mal in der Elbphilharmonie – immer aber ist es eine Location, die direkt etwas mit dem Hafen zu tun hat oder sich zumindest in dessen Nähe befindet. Einen Monat lang gibt es Lesungen und andere Kulturevents an den ungewöhnlichsten Plätzen rund um Hamburgs maritimes Herz. Es sind Hochkaräter dabei (rechtzeitig Karten sichern!) genauso wie unbekanntere Autoren und alle Genres vertreten, auch an die Kinder wird gedacht. In den vier »Debütantensalons«, für die man als Schauplatz den Nochtspeicher auf St. Pauli wählte, lesen jeweils zwei Autorinnen und Autoren um den mit 10 000 Euro dotierten Klaus-Michael Kühne-Preis. Zum Abschluss des Literaturfestivals darf man bei einer Gala auf dieses wunderbare Kulturereignis anstoßen – und sich schon auf das nächste Jahr freuen.

Jedes Jahr im Herbst ·
www.harbourfront-hamburg.com

Feiern auf der gar nicht
SO SÜNDIGEN MEILE

Die Reeperbahn ist
für verschiedenste Gefühle gut

In den charmantesten Nacht-clubs schwofen und dabei über die Reeperbahn schauen. Sich in Cocktailkarten verlieren, um dann Preisverdächtiges zu trinken. Im Stroboskoplicht zu den Bässen angesagtester DJs zucken. Mit Studenten auf Polstermöbeln fläzen und sich mit einer »Knolle Astra« zuprosten. Mit Werbern auf Barhockern thronen und cool am Drink nippen. In der Schlange stehen und erbebend auf die Gunst des Türstehers hoffen. Woanders hin-

----

GLÜCKSVERSTÄRKER

Nur wenige kennen die Geschichte des bekanntesten Hamburger Stadtteils, die Entwicklung Sankt Paulis seit dem Mittelalter. Woher hat das »sündige« Quartier eigentlich seinen heiligen Namen? Und warum wurde eine Zuhälterbande nach einem Brotaufstrich benannt, für den auch schon Fußballer warben? All das und vieles mehr erfährt man im St. Pauli Museum.
www.kiezmuseum.de

gehen, weil erlaubt ist, was gefällt. Den Kopf schütteln über die Kinderparty. Sich wundern darüber, wie viele Alte noch abhotten. Den Club finden, in dem das alles egal ist. Bei den Bordsteinschwalben einen Burger essen. Durch gespreizte Beine die »Ritze« betreten, eine gar nicht so verruchte Kneipe. Udo Lindenberg. Jan Delay. Das alles ist St. Pauli, und noch vieles mehr. Auch die Barkasse, auf der man tanzen darf, gehört natürlich hierher!

Mein St. Pauli, das ist St. Pauli bei Nacht … an Tabledance denkt man, an Kiez-Kalle und bullige Türsteher. Gut, auch an Hans Albers und den Fischmarkt. Aber sonst? Gibt's hier auch Kultur? Na klar doch. Der Stadtteil, in dem »die Sünde zu schillern versucht«, ist schließlich weltberühmt als Amüsiermeile auch für bekleidete Menschen. Mit dem entsprechenden Programm natürlich: schrille Musicals und Travestie, Shows, die erst um Mitternacht beginnen, aber auch Bodenständigeres wie das gute alte St. Pauli Theater und das Kiez-Museum gehören dazu.

St. Pauli
FISCHMARKT

Glückliche Nachtschwärmer und Frühaufsteher

Ein Rendezvous mit dem Aale-Dieter gehört unbedingt dazu. Er und andere Budenbesitzer machten Hamburgs weltberühmten Wochenmarkt zu einer wahren Show. Rund 70 000 Besucher kommen jeden Sonntag hierher. Zu kaufen gibt es außer Fisch vor allem Obst, Blumen und lebende Gockel, aber auch Klamotten und Klimbim. Man muss nur ziemlich früh aufstehen dafür – oder gleich auf dem Kiez durchfeiern.

Besonders an marktfreien Tagen fällt auf dem Platz des Fischmarkts ein Bronzemonument auf: Die »Madonna der Meere« sitzt auf einem Poller, ihre Beine hat sie mit den Armen umschlungen, den Blick zum Horizont gerichtet. Vielleicht kauert sie sich resigniert zusammen, vielleicht hält die Hoffnung sie fest. Zu ihren Füßen bricht eine Welle. Der Bildhauer Manfred Sihle-Wissel schuf sie im Jahre 1985. Auf dem Sockel des Denkmals stehen die Worte »Der unvergänglichen See, den Schiffen, die nicht mehr sind und den schlichten Männern, deren Tage nicht wiederkehren« des Schriftstellers Joseph Conrad (1857–1924): So entstand der »Platz der Seefahrt«, eine kleine Gedenkstätte inmitten des Hafens mit seinen Ankünften und Abschieden. Eine kleine Kopie der Madonna steht in einer Kapelle am Kap Hoorn. Sie wiegt 13 Kilogramm und wurde von der Werft Blohm + Voss gestiftet.

GLÜCKSVERSTÄRKER

Vom Fischmarkt der Großen Elbstraße für etwa einen Kilometer in Richtung Westen folgend, gelang man in eine Genussmeile für Freunde der maritimen Leckereien. Neben elitären Restaurants wie dem von Stefan Henssler sind auch einige schlichte Lokale vertreten, hinter deren Fassade sich so manche kulinarische Überraschung verbirgt.

Große Elbstr. 9 · S-Bahn Reeperbahn, U-Bahn Landungsbrücken · Apr.–Okt. 5–9.30 Uhr, Nov.–März 7–9.30 Uhr · Livemusik in der Markthalle

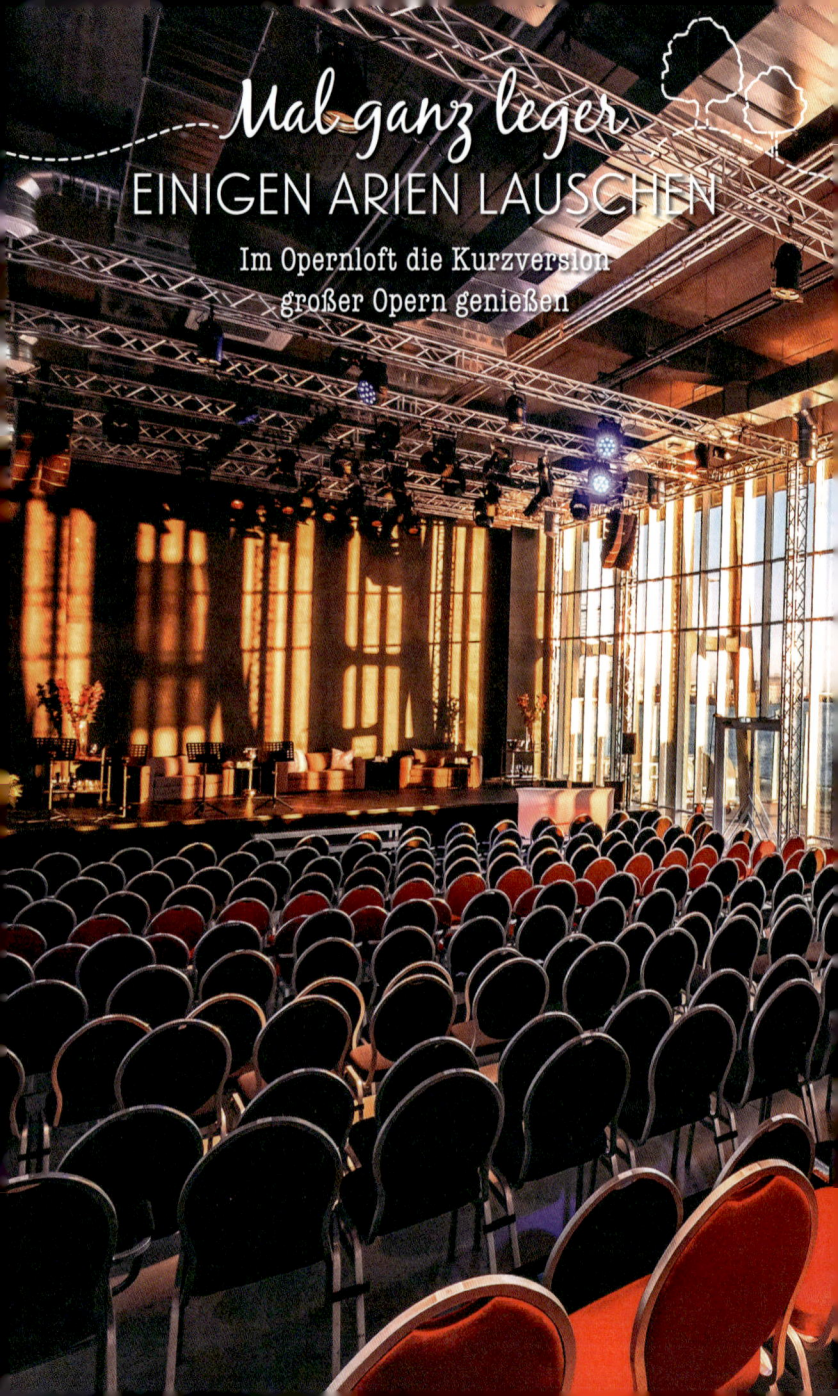

Mal ganz leger

EINIGEN ARIEN LAUSCHEN

Im Opernloft die Kurzversion
großer Opern genießen

Arien lauschen und dabei locker bleiben: In legerem Loft-Ambiente werden große Opern in bekömmlicher 90-Minuten-Spielfilmlänge serviert. Der sonst 16-stündige *Ring des Nibelungen* von Richard Wagner etwa als moderne Kurzfassung, hier angesiedelt auf einer Pyjama-Party. Das junge Ensemble erhielt schon mehrere Preise und Auszeichnungen. Dazu gibt es Flammkuchen und Cocktails. Die Getränke darf man sich hier mit an den Platz nehmen und auch während der Vorstellung genießen.

Hier, im Terminal der ehemaligen Englandfähre, ist jede Darbietung gleich in mehrfacher Hinsicht ein besonderes Erlebnis. Die Gäste blicken aus dem Opernsaal durch große Glasfronten direkt auf die Elbe. Die künstlerische Idee des Opernlofts gilt deutschlandweit als einmalig und wurde schon vielfach ausgezeichnet. Das kreative Team erstellt eigene Arrangements und entwickelt auch neue Formate wie die erfolgreichen Krimiopern oder Kultstücke wie den Opern-Slam »Sängerkrieg«. Und noch etwas gibt es wohl nur hier: die *Tosca*, bei der Opernsänger und -sängerinnen selbst gebackene Pizza servieren.

www.opernloft.de

1 **Alex im Alsterpavillon** Jungfernstieg 54. Der imposante Rundbau
direkt am Wasser ist bei Touristen wie
Hamburgern beliebt. Dazu gehört auch
eine Bar mit schöner Aussicht.
www.dein-alex.de

2 **Freudenhaus** Hein-Hoyer-Straße
7–9. Fleischeslust bei exzellenter
Küche in Rotlicht-Ambiente. Vegetarier
heißen hier »Blumenversteher« und
werden z. B. mit Seitangeschnetzeltem
versöhnt.
www.stpauli-freudenhaus.de

3 **Maharaja** Detlev-Bremer-Straße
25. Nicht nur indisch, sondern
ayurvedisch tafeln und damit etwas für
ein langes Leben tun. Märchenhafte
Genüsse garantiert.
www.maharaja-hamburg.de

4 **Dionysos** Eppendorfer Weg 67.
Anstelle von Grilltellern a la
»Akropolis« mit Pommes, Fleischber-
gen und Zaziki stehen hier zum Beispiel
»mezedes« auf der Karte, an Tapas erinnernde kleine Speisen.
www.dionysos-hamburg.de

5 **Ti Breizh im Haus der Bretagne**
Deichstraße 39. Galettes aus rei-
nem Buchweizen, süße Weizen-Crêpes
und dazu am besten ein Cidre. Char-
mant ist auch die Lage im alten Kauf-
mannshaus am Nikolaifleet.
www.tibreizh.de

Restaurants
TOP 10

6 Piccolo Paradiso Brüderstraße 27. Das kleine Paradies hat seinen Namen verdient. Lecker und gemütlich, obendrein gesund. Hier ist alles bio, auch der Wein.
www.piccolo-paradiso.de

7 Goot – Finest Cuts Depenau 10. Hier gibt es noch den echten Hamburger: das »Rundstück warm«, einst stärkende Mahlzeit der Hafenarbeiter. Im Ambiente eines schicken Delis mitten im historischen Kontorhausviertel.
www.goot-hamburg.de

8 Goldene Gans Rothestraße 70. Stilvolles Lokal mit gehobener Bistroküche. Im Sommer dank Außenplätzen besonders schön.
www.goldene-gans.eu

9 Kleine Brunnenstraße 1 Kleine Brunnenstraße 1. Feinstes Slow Food in schönster Ottensen-Lage. Speisen aus regionalen und saisonalen Produkten. Die Atmosphäre ist entspannt, die Weine haben Lob verdient.
www.kleine-brunnenstrasse.de

10 L'incontro – al Teatro Friedensallee 20. Kleiner, gemütlicher Vorzeige-Italiener im schönen Hinterhof neben dem Monsun-Theater. Pizza und wechselnde Pastagerichte. Einfach schön zum geschützten Draußensitzen.
www.lincontro.info

Hier ist
DAS FESTLAND GANZ NASS

Urbane Sauna-Terrasse
mit Blick in den Kiez-Himmel

*E*in Landgang, der umgehend ins Wasser führt – nahe der Reeperbahn Richtung Altonaer Altstadt. Die urbane Sauna-Terrasse mit Blick in den Kiez-Himmel ist ein echter Hit mit ihren wohltemperierten Sauna-Pools samt Massagedüsen und Whirl-Liegen. In der großen 90-Grad-Sauna werden stündlich duftende Aufgüsse zelebriert, darunter auch mit Klang untermalte verschiedene Kräutersude oder Aufgüsse mit kombiniertem Peeling. In der 85-Grad-Sauna gibt es unter der Woche eine morgendliche Kaffeezeremonie. Und immer wieder sorgen besondere Events für auch mal ganz andere Wohlfühlmomente, etwa bei einer »Sauna Challenge« mit Aufguss-Show. Massagen und Beauty-Packs stehen genauso zur Auswahl. Zum Bahnenziehen geht es in das dazugehörige Schwimmbad. Für Autofahrer ist entspanntes Parken in der hauseigenen Tiefgarage möglich.

Holstenstr. 30 · www.baederland.de

GLÜCKSVERSTÄRKER

Für mehrere Badbesuche oder gemeinsame Wellness unter Freunden lohnt sich die Bäderland Multi Card: bis zu 18 Prozent Rabatt und gültig für viele Hamburger Freizeitbäder.
www.baederland.de

Kreatives
IM KAROVIERTEL

Wo Kneipen und Tattoo-Studios auf junges Design treffen

Der Stadtteil, benannt nach der ihn im Osten begrenzenden Karolinenstraße, ist immer noch alles andere als kleinkariert. Er hat sich zwar vom Multikulti-Viertel mit reiner Subkultur zur »yuppisierten Zone« entwickelt, wie Kritiker meinen, doch andere sehen ihn als kreatives Quartier, in dem nun eben auch Werbeagenturen und ein paar hochpreisigere Boutiquen mit individueller Mode zu finden sind. Jungdesign von Autodidakten und echtes Handwerk von der Pike auf vermengen sich in der Marktstraße und ihren drei Nebenstraßen. Meisterhafte Schneiderinnen und Schuhmacher sind darunter und mit dem »Rotkäppchen« sogar eine Hutmacherin.

In den 1960er-Jahren war das Viertel nahe der Rinderschlachthalle noch verarmt und hieß Schlachthofviertel. In den 1980ern gehörte die Marktstraße den Punks, dann kamen Studenten und Künstler, noch waren die Mieten günstig. Bald zogen auch St. Paulis Modemacher ein. Geblieben sind Secondhandläden und alteingesessene Kneipen, der Plattenladen, das Tattoo-Studio und so mancher Pionier. Detlef Klug etwa von der Faktorei Geheim war damals dabei, als die Häuser in der Hafenstraße besetzt wurden. Heute bestickt er coole Klamotten. Auch unkonventionelle Modegeschäfte wie Jungbluth gehörten schon in den 1990er-Jahren zur Marktstraße. Andere allerdings mussten im Zuge der Stadtsanierung weichen.

Mittendrin behauptet sich das Urban-Gardening-Projekt »Keimzelle«: Auf dem Ölmühlenplatz wächst und gedeiht Gemüse in einem kleinen Garten für alle, die sich beteiligen möchten. Der lauschige Platz mit dem Mangold Lokal und anderen Auch-Draußen-Kneipen ist besonders im Sommer beliebt.

Voller Lebensdurst eintauchen in die »Roaring Twenties«: Marla von Menna ist fasziniert von den 1920er-Jahren, von deren Mode und Musik von Swing bis Charleston. Zusammen mit Mutter Christel eröffnete sie eine Boutique ganz im Geiste

dieser »goldenen Ära«, authentisch
bis hin zur original Krupp-Registrier-
kasse. Die feinen Stücke aus der haus-
geschneiderten Kollektion passt die
Modemacherin auf Wunsch auch an.

*Recession by Marla · Glashüttenstr. 8 ·
U-Bahn Messehallen oder Feldstraße ·
Tel. 040/18 01 89 70 ·
www.recession-by-marla.de*

N

0   200 m

ster

rg
ng

An der Alster

ST. GEORG

mburger
unsthalle

Lange Reihe

Ohnsorg-
theater

Kirchen-

Ernst-Merck-Str.

Deutsches
Schauspiel-
haus

Haupt-
bahnhof

allee

Lange

Mühren

Wall

(Wallringtunnel)

str.

Altmannbrücke

str.

Museum für
Kunst und
Gewerbe

Klosterwall

Steintorwall

Deichtor-
tunnel)

Amsinck-
str.

aumbr.

Deichtorhallen u.
Ballonstation

Ober-

hafen

ricusgraben

Versmannst.

Innenstadt

Mal wieder so richtig schön shoppen gehen
oder die zentralen Sehenswürdigkeiten Hamburgs genießen – gerade wer meint, diese
Stadt schon gut zu kennen, nimmt solche Dinge
eher seltener vor. Dabei lohnt es sich, auch
das Naheliegende immer wieder neu zu entdecken. Schließlich verändert sich auch immer
wieder einiges, und ein Blick für das Besondere
eröffnet auch immer wieder neue, besondere
Momente.

Rundgang durch die
HAMBURGER KUNSTHALLE

Intensive Einblicke
beim Anblick echter Klassiker

Auch vermeintlich Tristes kann Schönheit verströmen, Hamburg kann sogar im tiefsten Grau aus sich selbst heraus leuchten. Das beweist das Gemälde *Straßenszene. Regenwetter* von Julius von Ehren (Öl auf Leinwand, um 1907). Wer das Gefühl einmal nachempfinden möchte, begibt sich in die Hamburger Kunsthalle beim Hauptbahnhof. Dort wurde ein neuer Saal für die Präsentation von »Kunst in Hamburg« eingerichtet. In regelmäßigem, ungefähr jährlichem Turnus sind dort Werke unterschiedlicher Kunstepochen zu sehen, von den alten Meistern bis hin zur Gegenwart.

Die Freude, in der Betrachtung eines Gemäldes zu versinken, kennen viele. Für so manchen ist es das höchste der Gefühle, durch die Ausstellungsräume eines Museums zu schlendern. Die Hamburger Kunsthalle ist immer einen Besuch wert, auch, um echte Klassiker zu genießen. So ziemlich alles, was Rang und Namen hat, ist hier an den Wänden vertreten, darunter Rembrandt und Rubens, Caspar David Friedrich (auch der *Wanderer über dem Nebelmeer*), Degas, Gauguin, Renoir, Cézanne und die klassische Moderne mit Picasso und den beiden Künstlergruppen »Brücke« und »Blauer Reiter«. Auch die Galerie der Gegenwart und das Kupferstichkabinett beeindrucken.

Seit ihrer Modernisierung beherbergt die Hamburger Kunsthalle zudem noch ein Transparentes Museum. Bloß, was ist das denn? Hier offenbaren sich im Erdgeschoss der Kunsthalle den Besuchern in neun Themenräumen an Kunstwerken aller Epochen beispielhaft die Aufgaben eines Museums. Dabei wird auch ein detektivischer Blick auf die Meisterwerke gewagt. So gibt es anhand von konkreten Werken unter anderem Antworten auf die Frage: Wie unterscheiden sich Original, Kopie und Fälschung?

Glockengießerwall · U-Bahn/S-Bahn Hauptbahnhof · Tel. 040/428 13 12 00 · Di–So 10–18 Uhr (Do bis 21 Uhr, vor Feiertagen bis 18 Uhr) · www.hamburger-kunsthalle.de

Glücksmomente
HOCH OBEN IM ALSTERHAUS

Genussvoller Blick aus dem Le Buffet

*F*ür manche Menschen bedeutet schon ausgiebiges Shoppen so etwas wie Glück. Dann stellt sich ein erhebendes Gefühl ein, wenn man durch die Pforten des Alsterhauses schreitet und sogleich eintaucht in eine schillernde Welt der Düfte und anderer schicker Dinge. Dies ist ein Kaufhaus, aber ein Kaufhaus der besonderen Art. Am 12. April 1914 wurde es als Warenhaus Hermann Tietz eröffnet, und das Gebäude überstand beide Weltkriege nahezu unversehrt. Die jüdische Familie Tietz aber war von den Nazis in den Ruin getrieben worden und musste fliehen. Heute gehört der Shoppingtempel zu den drei Luxushäusern der Karstadt Premium GmbH, neben dem Berliner KaDeWe und dem Oberpollinger in München.

Man kann sich natürlich darüber streiten, ob Materielles wirklich glücklich macht, eines aber steht doch so ziemlich fest: Eine schöne Aussicht vermag zu bezaubern, und das kann ein echter Glücksmoment sein. Deshalb sollte man sich das Restaurant Le Buffet im vierten Stock des Alsterhauses mit seinem grandiosen Blick auf die Binnenalster nicht entgehen lassen.

Jungfernstieg 16–20 · U-Bahn/S-Bahn Jungfernstieg · Tel. 040/35 90 10 · Mo–Sa 10–20 Uhr und an einigen Sonntagen (siehe Homepage) · www.alsterhaus.de

Spaziergang
IM KONTORHAUSVIERTEL

Charmantes Quartier
mit langer Hansetradition

CHILEHAUS

Viele laufen auf der belebten Mönckebergstraße daran vorbei. Dabei liegt dieses charmante Quartier fast direkt dahinter: Im Kontorhausviertel lebt das Stadtbild der 1920er- bis 1950er-Jahre auf. Seine einzigartige Architektur berichtet vom Hamburger Kaufmannstum und hanseatischer Tradition: große Kontorhäuser im Stil des Klinkerexpressionismus des frühen 20. Jahrhunderts.

Das denkmalgeschützte Chilehaus (1922–1924) gilt als die größte baukünstlerische Leistung des deutschen Backstein-Expressionismus. Weitere bedeutende Bauten sind der Meßberghof und der Sprinkenhof sowie die Kirchen St. Jacobi (1255) und St. Petri (12. Jahrhundert). Letztere ist die älteste Kirche der Hamburger Innenstadt. Ringsherum blüht das geschäftige Leben mit zahlreichen Restaurants und Cafés, Fachgeschäften und Galerien. Donnerstags ist Wochenmarkt auf dem zentralen Burchardplatz. Aufgrund seiner historischen Bedeutung wurde das Kontorhausviertel im Jahr 2015 zum Weltkulturerbe der UNESCO ernannt, zusammen mit der Speicherstadt und dem Chilehaus.

Das Kontorhausviertel ist der südöstliche Bereich der Hamburger Altstadt zwischen Steinstraße, Meßberg, Klosterwall und Brandstwiete (U-Bahn Meßberg).

Alles Schokolade
IM CHOCOVERSUM

Ein Museum zum Dahinschmelzen im Kontorhausviertel

Am Meßberg entführt das wohl süßeste Museum Hamburgs in eine Welt des Genusses und bietet zugleich viel Hintergründiges rund um das Thema Schokolade. Die Reise beginnt mit einer geöffneten Kakaofrucht – eine seltene Gelegenheit, die frische Bohne herauszulöffeln und den Aufbau samt Fruchtfleisch und Schale zu betrachten. Wenige Meter weiter steht eine riesige Nachbildung der Frucht, so groß, dass man darin sitzen kann. In diesem Ausstellungsbereich dreht sich alles um die Pflanze, weitere Stationen berichten von der Herkunft des »braunen Goldes«.

Im Aroma-Atelier erfahren Besucher unter anderem, welche Düfte geröstete Kakaobohnen verströmen. An originalen Hachez-Maschinen werden die einzelnen Fertigungsstufen der traditionellen Schokoladenproduktion präsentiert, und dabei gibt es reichlich Gelegenheit zum Probieren. Wie schmeckt die Kakaomasse, wie die flüssige Schokolade? An interaktiven Stationen kann jeder testen, ob die eigene Wahrnehmung der Qualität – anhand von Kriterien wie Kakaoanteil, Süße oder Schmelz – der Realität entspricht.

Im Bereich »Kakao & Körper« geht es dann um die Verwendung der Substanz in Medizin und Kosmetik. So lässt sich die eigene Haut vor und nach der Behandlung mit Kakaobutter mikroskopisch vergrößert betrachten und vieles andere mehr. Auf die Frage, ob Schokolade klug, schön und schlank macht, gibt es verblüffende Antworten.

Probieren ist zum Glück überall ausdrücklich erwünscht. Die Besucher können auch ihre eigene Tafel »Chocolade« herstellen, an Verkostungen oder an einem Pralinenkurs teilnehmen. Und zum Abschluss kann ein Bummel durch den zugehörigen Shop das Erlebnis auf eine lang anhaltende Weise versüßen.

- -

Meßberg 1 · U-Bahn Meßberg · Tel. 040/41 91 23 00 · Mo–So 10–18 Uhr (Führungen regelmäßig zwischen 10 und 16.30 Uhr) · www.chocoversum.de

Expressionistischer Tanz
IM HAUPTBAHNHOF

Ein würdiger Weg ins Museum
für Kunst und Gewerbe

Hauptbahnhöfe sind eher Orte des hektischen Durcheilens, der von Hamburg aber hat seit Neuestem einen Ort zum Innehalten und Bewundern. Er befindet sich in der Bahnhofshalle über der U1, deren Umgestaltung man am 6. Mai 2019 gebührend feierte. Neben einem neuen Aufzug zum Steintorplatz wurde eine Museumswand installiert, 60 Meter lang und von hinten beleuchtet. Sie zeigt die expressionistischen Tanzmasken von Lavinia Schulz und Walter Holdt. Die teils überlebensgroßen Motive geleiten den Weg zum benachbarten Museum für Kunst und Gewerbe Hamburg (MKG), sie sollen schon einmal einstimmen auf die umfassende Designsammlung, die dort zu erleben ist. Wie das MKG erläutert, führten Schulz und Holdt von 1919 bis 1924 mit ihren 20 selbst entworfenen Kostümen dramatisch-tragische, lustig-seltsame Tänze zu avantgardistischer Musik auf. Damit prägten sie die berühmten Hamburger Künstlerfeste auf maßgebliche Weise mit.

Museum für Kunst und Gewerbe Hamburg · Steintorplatz 2 · 20099 Hamburg · www.mkg-hamburg.de

Bezauberndes Shopping
BEIM GÄNSEMARKT

Von den Alsterarkaden bis ins verspielte Elfenreich hinein

Durch die Fußgängerzone mit ihren Kaufhäusern und Filialen großer Modeketten flanieren, am Rathausmarkt hanseatische Luft atmen, ein glamouröses Finale bei den Designern am Neuen Wall und in den Hohen Bleichen einlegen. Oder doch lieber versteckten Wegen folgen, auf kleinen Brücken über die Fleete spazieren und durch die Alsterarkaden den ruhigeren Gänsemarkt erkunden, die Colonnaden und prachtvolle Passagen entdecken?

Welche Route man auch wählt, shoppen in Hamburgs wunderschöner City bedeutet immer auch ein Erlebnis für das Auge, erholsame Momente am Wasser und prall gefüllte Einkaufstaschen. Für den krönenden Abschluss: Mit wohligem Seufzen am Jungfernstieg im Caféstuhl versinken und sich von der Alsterfontäne verzaubern lassen.

- -

Dammtorstr. 22 · U-Bahn Stephansplatz · 040/34 68 02 · Mo–Fr 10–20 Uhr, Sa 10–19 Uhr

- 🍀

GLÜCKSVERSTÄRKER

Im Elfenreich könnten auch die Primaballerinas der benachbarten Staatsoper shoppen gehen. Individuelle Mode mit Rüschen, Tüll und Spitze, Buntes und Besticktes verzaubert im Glanz der Kronleuchter, unter anderem von Noa Noa, Avoca, Container, Blutsgeschwister. Dazu kommt der verspielte Hippie-Look von Odd Molly.
www.elfenreich-hamburg.de

Rund um den
GROSSNEUMARKT

Dörfliches Flair
nahe den Shoppingmeilen

Zwischen der verkehrsreichen Ludwig-Erhard-Straße und den trubeligen Einkaufsmeilen beim Jungfernstieg hat man das Gefühl, in das Hamburg vergangener Epochen einzutauchen. Viele historische Einblicke und Infos an den Gebäuden nehmen einen mit auf die Zeitreise.

GLÜCKSVERSTÄRKER

Die kulturreich Galerie ist eine Bühne für zeitgenössische Kunst und Fotografie. Beliebt ist sie auch als Location für besondere Anlässe wie Workshops oder Empfänge inmitten der Kunst. Gäste können auch im kulturreich Shop mit kleinen Unikaten, Designstücken und Illustrationen von jungen Kunstschaffenden stöbern. Bei der kulturreich Agentur versteht sich Inhaberin Ulrike Klug als Brückenbauerin zwischen Kultur und Wirtschaft.
Wexstr. 28 · U-Bahn Stephansplatz · Tel. 040/75 36 86 61 · Mo–Fr 13–18 Uhr · www.kulturreich.de

Rund um den Großneumarkt mit dem Flair einer Piazza lagert das »Dorf zu Füßen des Michel«, wie man hier auch sagt. Das vom Hamburger Brand (anno 1842), den Bomben des Zweiten Weltkriegs und dem Sanierungswahn weitgehend verschonte Stadtquartier bezirzt mit gemütlichem Flair. Der Großneumarkt war einst der zentrale Marktplatz im Viertel. Heute ist immer mittwochs und samstags Wochenmarkt (jeweils von 8.30 bis 13.30 Uhr).

Von hier gelangt man ins Gängeviertel. Denkmalwürdige Gebäude (17. bis 19. Jahrhundert) tragen Namen wie Puppenstube, Loge, Kutscherhaus oder Kupferdiebehaus. Die Initiative »Komm in die Gänge« bemüht sich im Dialog mit der sanierenden Stadt, die Poesie des Ortes zu bewahren. Regelmäßig gibt es Ausstellungen, Konzerte, Partys und Lesungen.

Südlich des Valentinskamps · U-Bahn Gänsemarkt · Cafe Salome (Caffamacherreihe 37–39) · Di–Fr 14–19 Uhr und jeden 2. So/Monat · www.das-gaengeviertel.info

After Work Club
IM PARK CAFÉ

Den geliebten Feierabend am Abend feiern

Tagsüber Kaffee und Kuchen, abends und sonntags Party, und das mitten im schönen Planten un Blomen. Das Park Café ist eine Institution in Hamburg für lauschige Sommernächte und Special Events. Die Terrasse bietet einen freien Blick ins Grüne, der Innenbereich ist lichtdurchflutet. Als legendär gilt der After Work Club mit Happy Hour (18–21 Uhr) jeden Donnerstag. Für Mütter (und Väter), aber auch andere Gäste gibt es den Sonntagsclub ab 12 Uhr: Lazy Daze mit House-Musik und Kinderbespaßung im Extraraum.

Das Park Café befindet sich im nördlichen Bereich von Planten un Blomen auf einer kleinen Anhöhe. Es blickt auf eine lange Geschichte zurück. Sie beginnt in den 1980er-Jahren mit einem kleinen Pavillon samt Terrasse. Hier traf sich die Boheme sonntags zum Brunch. Glamouröser ging es bei Galas und Premieren zu, bei denen man auch mal Stars wie die Band Depeche Mode antreffen konnte. Nachdem es zeitweise still geworden war um die legendäre Location, entdeckten Veranstalter sie wieder. Unter den neuen Betreibern wurde das Park Café im Jahr 2008 aufwendig umgebaut und erweitert. Heute erstreckt sich neben dem historischen Pavillon ein offener Raum. Durch die deckenhohen Fenster schweift der Blick durch die Parkanlage; auf der Terrasse gedeihen afrikanische Palmen. Wie in einer Lounge können Gäste es sich dort gemütlich machen, um gute Drinks und die naturnahe Atmosphäre zu genießen.

GLÜCKSVERSTÄRKER

After Work Club for free: Wer sich per Online-Eintrag (www.afterworkclub.de) auf die Gästeliste setzen lässt und zwischen 18 und 19 Uhr da ist, kann die 7 Euro Eintritt im Schöne Aussichten sparen.

Gorch-Fock-Wall 4 · U-Bahn Stephansplatz · Tel. 040/40 34 01 13 · Do ab 18, Sa ab 15, So ab 12 Uhr und nach Programm www.schoeneaussichten.com · www.afterworkclub.de

Der Nachtmichel
ZU SPÄTER STUNDE

Hamburg unter dem Sternenmeer

*B*eim Blick vom Turm der Hauptkirche St. Michaelis liegt einem die Metropole zu Füßen: der Hafen, die Innenstadt und St. Pauli mit der Reeperbahn. Am schönsten lässt sich das Panorama mit Lichtermeer und Sternenhimmel genießen: Beim »Nachtmichel« verzaubert der 360-Grad-Ausblick auf die Millionenstadt mit dem niemals schlafenden Welthafen.

Von der 106 Meter hohen Plattform aus sind auch tagsüber etliche Sehenswürdigkeiten Hamburgs zu erkennen. Besucher können sich dabei an Schautafeln über historische Hintergründe und das Stadtgeschehen informieren. Es begleitet einen das erhebende Gefühl, auf einem Rekordhalter zu stehen – der höchsten Plattform mit Rundumblick in der Hansestadt. Als eine der bedeutendsten Kirchen Norddeutschlands zieht der Michel jährlich mehr als eine Million Gäste an. Auch das barocke Innenleben und die Krypta sind sehenswert. Bereits seit mehr als 300 Jahren sorgt der Auftritt des Turmbläsers für besonderen Kulturgenuss (tägl. um 21 Uhr, außer sonntags und an kirchlichen Feiertagen).

Englische Planke 1 · S-Bahn Stadthausbrücke/U-Bahn Baumwall · Tel. 040/37 67 80 · Öffnungszeiten Michel unter www.st-michaelis.de · Termine Nachtmichel unter www.nachtmichel.de

Hamburg

CITY SAILING

Sich über die Alster schippern lassen

Die Idee, ein Angebot nur für Damen zu gestalten, ist im Grunde ein Dankeschön. Vor einigen Jahren stellten die Alsterskipper von Hamburg City Sailing fest, dass die weiblichen Gäste viel öfter Interesse an einem Alstertörn unter ihresgleichen haben, sprich gern eine reine Mädelsrunde buchen. Und oft sind es auch die weiblichen Gäste, die nach besonders schönen Extras fragen. Im Gespräch mit einer Damenrunde kam dann die Idee auf: »Die Alster ist die Schokoladenseite Hamburgs! Wäre doch schön, etwas zum Naschen an Bord zu haben!« Das gefiel dem damaligen Inhaber und ersten Crewskipper Georg Büsch so gut, dass er zusammen mit den Expertinnen des Chocoversums (S. 62) ein Paket schnürte und den Törn »For Ladies Only« ins Leben rief. Inzwischen sind die zwar Geschichte, doch noch immer gibt es »Hamburgs einzige Stadtführung unter Segeln« sowie Segelevents für Privatleute und Firmen. Vorkenntnisse sind dazu nicht erforderlich.

Für einen Alstertörn sind anderthalb Stunden vorgesehen, er kann aber auch verlängert werden. Die Skipper steuern auf Wunsch verschiedene Ab- und Anlegepunkte an. Humorvolle Alsterführung, entspanntes Gesegeltwerden, actionreiches Kreuzen am Wind: Bei der Gestaltung der Törns richten sich die Alsterskipper auch nach dem Wetter. Doch oft wird es gerade bei ein bisschen rauerer See erst richtig lustig. »Wir hatten schon eine Damenrunde an Bord, die sich auf einen gemütlichen Nachmittag mit Prosecco eingestellt hatte«, erinnert sich Georg Büsch. »Dann kamen fünf Beaufort auf: kurz vor Sturmwarnung! Die Damen entschlossen sich kurzerhand, beherzt in See zu stechen und sich durch zackiges Wenden und Halsen und lautes Kommandorufen ihren Prosecco zu erarbeiten. Ich habe selten so durchnässte, aber glücklich anstoßende Damen gesehen!« Also, Leinen los! Die Alsterskipper stehen zu (fast) allen Schandtaten bereit.

- -

www.hamburg-city-sailing.de

Von den Wallanlagen zu
DEN »PFLANZEN UND BLUMEN«

Hanseatisches Understatement,
aber voll üppiger Pracht

Durchatmen auf historischen Wegen: mitten in der Stadt, parallel zum Holstenwall fast bis zur Binnenalster im Grünen spazieren. Die Wallanlagen wurden von 1616 bis 1625 als Festung mit Stadttoren um Hamburg herum errichtet. Daran erinnern Straßennamen wie Klosterwall, Hühnerposten, Millerntor oder Deichtorplatz. Ab dem frühen 19. Jahrhundert wandelte sich das Gebiet in eine Parklandschaft. Dazu gehören der Alte Botanische Garten und »Planten un

Blomen«. Hanseatisches Unterstatement eben, schlicht »Pflanzen und Blumen« taufte Hamburg die Parkanlage, was dank der plattdeutschen Übersetzung nicht ganz so nüchtern klingt. In üppiger Pracht ist das Namengebende vorhanden, samt Musikpavillon, Gärten mit Rosen, Apothekerpflanzen, japanischen Gewächsen, Tropenhäusern, den Mittelmeer-Terrassen, einem schmucken Parksee mit Wasserlichtkonzerten und schönen Arealen zum Entspannen. Der Spaziergang lässt sich in die benachbarten Wallanlagen ausdehnen. Dort gibt es Minigolf und im Winter eine große Freiluft-Kunsteisbahn mit Partystimmung.

GLÜCKSVERSTÄRKER

Wie erwuchs aus der kleinen Hammaburg eine Metropole? Ein Rundgang im Museum für Hamburgische Geschichte (Hamburg Museum) durch 1200 Jahre wechselvolle Begebenheiten beantwortet diese Frage. Außerdem informiert er über die Entwicklung von Wirtschaft, Handel und Hafen, Mode und Kultur.
Holstenwall 24 · U-Bahn St. Pauli · Tel. 040/428 13 21 00 · www.hamburg-museum.de

Wallanlagen: Zugang z. B. über den Holstenwall oder beim Dammtor-Bahnhof · U-Bahn Stephansplatz/S-Bahn Dammtor · www.eisarena-hamburg.de
Planten un Blomen: Zugang über St. Petersburger Straße, Rentzelstraße oder beim Dammtor-Bahnhof · U-Bahn Messehallen · www.plantenunblomen.hamburg.de

Musik in
PLANTEN UN BLOMEN

Wunderbare Wasserlichtkonzerte an Sommerabenden

Abendspaziergang durch Planten un Blomen: Wer am Dammtor nächtigt, hat es nicht weit zu den wunderbaren Wasserlichtkonzerten im Sommer – ein kostenloses Vergnügen (Mai bis Aug. tägl. 22 Uhr, Sept. 21 Uhr). Die Wasserlichtorgel wird live gespielt, synchron zur Musik bewegen sich bunt angeleuchtete Wasserfontänen nach einer eigens geschriebenen Partitur.

GLÜCKSVERSTÄRKER

Nur wenige Schritte vom Teich mit der Wasserlichtorgel entfernt steht man plötzlich im fernen Osten. Die japanische Gartenanlage ist schon für sich sehenswert. Doch man sollte sonntags zwischen 15 und 18 Uhr auch einmal in das mittendrin liegende Teehaus gehen. Dann wird hier für alle, die möchten, eine Chanoyu, eine Teezeremonie, zelebriert. Gegen eine Spende gibt es ein Tässchen Grüntee mit gerösstetem Reis, während der Blick über das stille Wasser schweift.

Zu Beginn erklingt traditionell die »Fanfare for the Common Man« von Aaron Copeland. Jeweils zwei Künstler setzen die Arrangements um: Einer bewegt die Wasserfontäne über die Regler, der andere spielt das »Lichtklavier«. Zu diesem gehören 762 Scheinwerfer mit bis zu 500 Watt in Schaltgruppen unterschiedlicher Farben. Schon allein das »Lichtklavier« verfügt über 95 weiße Tasten. 99 Düsen versprühen das Wasser in virtuosen Formen, dabei schafft der Hauptstrahl eine Höhe von 36 Metern. Die Wasserlichtorgel bewegt so viel Wasser, wie eine Stadt mit 500 000 Einwohnern in der Stunde verbraucht. Seit Mai 2019 begeistert sie mit zeitgemäßer Technik und einmaligen Lichteffekten.

Zugang über St. Petersburger Straße, Rentzelstraße oder beim Dammtor-Bahnhof · U-Bahn Messehallen/S-Bahn Dammtor · Tel. 040/428 23 21 25 · www.plantenunblomen.hamburg.de

Östlich der Alster

Einige Stadtteile in diesem Bereich Hamburgs sind vielen eher als reine Wohngebiete bekannt. Doch gerade hier verstecken sich ein paar unvermutete Plätze. Kleine Idyllen wie ein besonders schöner Badesee, ein Naturfreibad oder große Binnendünen. Auch lohnt es sich hier, einige Geschäfte oder Lokale zu entdecken. Da findet sich auch so manches Hamburgtypische – regionale Produkte, die für gute Laune sorgen.

Das Museumsdorf
VOLKSDORF

In den Walddörfern ist »die Welt noch in Ordnung«

Ganz im Nordosten von Hamburg wird es immer ruhiger und grüner, wohltuend nach all dem Stadttrubel. Nun ist man angekommen in den Walddörfern. Der Name verrät bereits, dass sich in der noch immer waldreichen Gegend einmal kleine Häuseransammlungen befanden. Sie bildeten ab dem 14. Jahrhundert eine eigene Landherrenschaft innerhalb des hamburgischen Landgebiets und wurden von zu »Waldherren« ernannten Senatoren verwaltet. Schon damals gehörten diese Dörfer also zum Stadtgebiet, obwohl sie sich außerhalb der Stadtmauern befanden.

Hier, im heutigen Stadtteil Hamburg-Volksdorf, wurde ein Stück vollkommener Idylle bewahrt. Ein Museumsdorf, bestehend aus sieben Bauernhäusern und uralten Bäumen, Gärten und Steinmäuerchen, mit Brunnen, Krämerladen, Backhaus und Durchfahrtsscheune. Hühner picken auf den Wegen, auch Gänse und Puten laufen frei herum, Ferkel kuscheln vor einem Futtertrog. Menschen in Bauerngewändern führen massige Kaltblutpferde über den Hof.

Besucher können während der Öffnungszeiten durch ein großes Tor in diese Astrid-Lindgren-Welt gelangen und sich an Schautafeln über die Geschichte der Häuser informieren. Es handelt sich um Wohn- und Wirtschaftsgebäude aus dem 17. bis 19. Jahrhundert. Drei davon stehen noch an ihrem Originalplatz, andere wurden aus der Umgebung umgesetzt oder rekonstruiert. So entstand ein Dorf, wie es seinerzeit typisch für das stormarnische Geestland war, mitsamt Haus- und Arbeitsgeräten und lebenden Tieren. Auch der Gemüsegarten wurde nach überliefertem Vorbild angelegt. An Gewerketagen führen Ehrenamtliche alte Handwerkstechniken vor.

- -

Im Alten Dorfe 46–48 · 22359 Hamburg · Tel. 040/603 90 98 · www.museumsdorf-volksdorf.de

Museen und Kunst

TOP 5

1 **Museum für Hamburgische Geschichte (Hamburg Museum)** Holstenwall 24. Wie erwuchs aus der kleinen Hammaburg eine Metropole? Ein Rundgang durch 1200 Jahre wechselvolle Geschichte.
www.hamburgmuseum.de

2 **Kramer-Witwen-Wohnung** Krayenkamp 10. Die Krameramtsstuben nahe dem Michel sind das letzte erhaltene Beispiel für eine typisch hamburgische Wohnhofanlage aus dem 17. Jahrhundert.
https://shmh.de/de/kramer-witwen-wohnung

3 **Kunstverein in Hamburg** Klosterwall 23. Junge Talente erkannte der Hamburger Kunstverein schon im 19. Jahrhundert. Noch immer ein Ort des Austausches, mit internationalem Programm.
www.kunstverein.de

4 **Deichtorhallen** Deichtorstraße 1–2. Eine Adresse für Liebhaber zeitgenössischer Kunst und Fotografie. Wechselnde Ausstellungen im Ambiente historischer Hallen.
www.deichtorhallen.de

5 **Bucerius Kunst Forum** Rathausmarkt 2. Meisterwerke unter neuen Aspekten betrachten. Diesen Anspruch setzte sich das von der Zeit-Stiftung Ebelin und Gerd Bucerius (1906–95) getragene Ausstellungshaus.
www.buceriuskunstforum.de

Im Grün
DES OBEREN ALSTERTALS

Von der Quelle bis zur Fontäne wandern

In lauschigem Frühlingsgrün und unter Kirschblüten am Ufer entlangspazieren, die Picknickdecke ausbreiten und ein Gaumenfest im Freien zelebrieren. Mit dem Liebsten verträumt auf dem Steg sitzen, während weiße Schwäne vorbeiziehen ... Der große glitzernde See inmitten der Stadt sorgt immer wieder für Glücksmomente.

Noch intensiver aber ist die Alster nahe ihrem Ursprung zu erleben: Bei ihrer Quelle in Henstedt-Ulzburg beginnt der Alsterwanderweg, ein Teil des Norddeutschen Jakobswegs. Zunächst windet er sich durch ein eiszeitlich geprägtes Flusstal, ehe er dann am Wasserlauf entlang bis ins Zentrum von Hamburg hineinführt.

Vom Naturschutzgebiet Rodenbeker Quellental aus geht es durch die Stadtteile Poppenbüttel, Wellingsbüttel und Fuhlsbüttel, und doch ist Hamburg ganz weit weg. Es bezaubern stille Biotope mit Erlenbruchwäldern und an Parks erinnernde Vorgärten. Bald wird der Fluss zu einem Kanal mit stillgelegten Schleusenanlagen. Im Stadtteil Ohlsdorf lohnt sich ein Abstecher über den eindrucksvollen Friedhof. Durch die Stadtteile Alsterdorf, Eppendorf und Winterhude leitet der Wanderweg schließlich an das nördliche Ende der Außenalster. Von dort geht es am Ufer entlang zur Binnenalster, in der die Alsterfontäne ihren Glitzerregen versprüht.

GLÜCKSVERSTÄRKER

Schon der Anblick des imposanten Torhauses des Alstertal-Museums im Stadtteil Wellingsbüttel weckt erhebende Gefühle. Im Inneren offenbaren Ausstellungen die Geschichte der Region und des Adelsguts. Auch über die Oberalster ist hier einiges zu erfahren.
www.alsterverein.de

Anfahrt mit der U1 bis Endstation Ohlstedt, der Wanderweg beginnt ca. 1 km weiter westlich in der Straße Haselknick ·
www.hamburger-wanderverein.de ·
www.alsterverein.de ·
www.haselknick.de

Das Glück
AM BREDENBEKER TEICH

Verborgene Badeidyllen
irgendwo im Nirgendwo

Wer sich bei Ahrensburg traut, einer holprigen Dorfstraße scheinbar ins Nirgendwo zu folgen – sie verläuft durch Weiden und Waldstücke –, gelangt zu einem ganz besonderen Badegewässer. Anders als sein Name vermuten lässt, ist der Bredenbeker Teich ein immerhin 35 Hektar großer See. Rund sechs Kilometer lang ist der seine Ufer begleitende Weg. Dort verbirgt sich im Grün ein Strandbad mit Imbiss, Campingplatz und FKK-Bereich. Ein Ort wie geschaffen fürs Glück, und ganz besonders auch für die glücklichen Momente der Kindheit – oder um solche einmal nachzuholen. Das wusste schon Waldemar Bonsels (1880–1952), der an diesem See gespielt und summende oder hüpfende Insekten beobachtet haben soll. Mit ungeahnten Folgen: Der in Ahrensburg geborene Autor wurde später durch sein Buch *Die Biene Maja und ihre Abenteuer* berühmt.

www.camping-bredenbeker-teich.de

GLÜCKSVERSTÄRKER

Durch eine schöne hügelige Landschaft führt der Volksdorfer Rundwanderweg direkt am idyllischen Bredenbeker Teich vorbei, durch dicht gewachsene Alleen und am Bocksberg entlang.

Die Vier-
UND MARSCHLANDE

Paradiesische Radtouren durch
»Hamburgs Gemüsegarten«

Ein riesiger Gemüsegarten (13 163 Hektar) erstreckt sich im äußersten Osten der Hansestadt: die Vier- und Marschlande, eine 800 Jahre alte Kulturlandschaft im Bezirk Bergedorf. Zwischen dem Fluss Bille und der Dove- und Gose-Elbe liegend, wird die Region auch als Hamburgs Dreistromland bezeichnet und bietet wundervolle Ausflugsmöglichkeiten.

Und sie ist auch ein Radlerparadies. Ein Teil des Elbe-Radwegs und andere wunderschöne Strecken führen hier durch. Eine ganz besondere folgt dem Lauf der historischen Bahnlinien, die für den Personen- und Gütertransport zu den Hamburger Märkten gedacht waren. Die Vierländer Bahn fuhr über 12,4 Kilometer von Bergedorf-Süd bis Zollenspieker. Die Hamburger Marschbahn verband auf 33,7 Kilometern die Ortschaften Billbrook und Geesthacht. Wo sich früher Gleise befanden, sind größtenteils herrlich befahrbare Wege entstanden.

Auf den Spuren der Vierländer Bahn geht es von der Elbe, Höhe Zollenspieker Fährhaus, bis zum Curslacker Deich an der Dove-Elbe. Dort steht noch die ehemalige Bahnhofsstation Pollhof, in das Gebäude ist eine Gaststätte mit Hotel und Biergarten eingezogen. Diese Süd-Nord-Achse kreuzt bei Teufelsort die West-Ost-Achse der ehemaligen Marschenbahn.

In den Vierlanden entdeckt man auch noch weitere Relikte aus der großen Zeit der Eisenbahn, etwa auch noch anderen Bahnhofgebäude. Sie waren damals im neuen Vierländer Stil mit Fachwerk und Krüppelwalmdach errichtet worden. Auf dem Damm können Radler von der Schleuse Tatenberg bis Altengamme fahren. Auch hier sind ehemalige Bahnhofsgebäude zu entdecken, in Fünfhausen lädt ein weiteres zur Einkehr ein, mit Terrassenblick über den Sandbrack-See. Die Vierländer Bahn fuhr ab 1912, die Marschenbahn ab 1921. Der Betrieb beider Bahnen wurde in den 1950er-Jahren eingestellt.

- -

www.bergedorf.de ·
www.curslacker-bahnhof.de ·
www.bahnhofsgaststätte-
fünfhausen.de

Das schöne
NATURFREIBAD OSTENDE

Geheimtipps
abseits vom trubeligen Kiezgetümmel

Alle, die in Hamburg zur Abwechslung dann doch mal ihren Kiez verlassen – das Leben bündelt sich schon sehr in den hippen Quartieren wie dem Schanzenviertel, St. Pauli oder Ottensen –, werden hier mit ganz anderen Glücksmomenten belohnt. So entdeckt man etwa das wunderbare Naturfreibad Ostende im Stadtteil Tonndorf.

Aber auch an der beschaulich vorbeiplätschernden Wandse verbergen sich so manche idyllische Winkel. Der Fluss, dem der Bezirk Wandsbek seinen Namen verdankt, mündet in die Alster und heißt auf dem letzten Abschnitt auch Eilbek(kanal). Wer ihn entlangspaziert und dabei immer mal wieder innehält, bekommt andere glückliche Gesichter von Hamburg zu sehen.

www.freibad-ostende.com

In der
BOBERGER NIEDERUNG

Naturgeschützte Dünenlandschaft
mitten in der Stadt

€s kribbelt angenehm unter den Füßen und die sandigen Hügel wellen sich vor dem entzückten Betrachter. Hier in Lohbrügge, im Bezirk Hamburg-Bergedorf, kann man sich fast wie direkt an der Nordsee fühlen (mit etwas Fantasie erscheint sogar das Meer vor dem geistigen Auge). Im Naturschutzgebiet Boberger Niederung erhebt sich eine der letzten Binnendünen Deutschlands, obendrein eine mit besonderen Bewohnern. In dieser Düne und der zugehörigen Heide leben unter anderem Stierkäfer und Eidechsen. Am Geesthang blühen verschiedene Orchideenarten und noch viele weitere Pflanzen. In

der Moor- und Marschlandschaft mit ihren Gräben und Tümpeln sind abends Froschkonzerte zu hören. Vier ausgeschilderte Wanderwege leiten durch das Gelände. Sie lassen sich auch zu einer ausgedehnten Tour kombinieren und bieten immer wieder neue Perspektiven.

Mehr erfährt man im Boberger Dünenhaus, und wer sich erfrischen möchte, springt in den von Grundwasser gespeisten Boberger Baggersee.

Boberger Dünenhaus ·
Boberger Furt 50 · 21033 Hamburg ·
Tel. 040/73 93 12 66 ·
www.loki-schmidt-stiftung.de

Romantisches Paddeln
AUF ALSTERADERN

Auf dem Wasserweg per Kanu bis zum Stadtparksee

Hinter dem Mühlenkampkanal, wo der Goldbekkanal immer schmaler wird, wölben sich Äste über die Ufer und fügen sich zu einem Blätterdach. Über den von Villen gesäumten Rondeelteich geht es paddelnd durch romantische Alsterkanäle, teils mit dschungelartigem Wuchs, dann wieder vorbei an schicker Bebauung und gepflegten Parkanlagen.

Dies ist ein Teil einer der verschiedenen Kanutouren, die man in Hamburg unternehmen kann. Denn

GLÜCKSVERSTÄRKER

Die Bootsvermietung Dornheim bietet etwas Besonderes: mit einer original venezianischen Gondel über die Alster und Hamburgs Kanäle fahren. Sie wird von einem Gondoliere oder einer Gondoliera voranbewegt. Gäste können sich in der gemütlich gepolsterten Bootsmitte zurücklehnen und still dahingleitend die romantische Fahrt genießen.
www.bootsvermietung-dornheim.de

Hamburg hat nicht nur mehr Brücken als Venedig, diese Brücken überspannen auch zahlreiche Wasserwege. Hier zeigt sich die Hansestadt aus ganz anderen Perspektiven, und wer möchte, kann sich an den Amazonas träumen. Sogar bis zum Stadtparksee kann man auf dem Wasser gleiten. Eine ca. zweieinhalbstündige Kanutour etwa führt von der Alten Alster bis zur Ohlsdorfer Schleuse vor. Auf dem Rückweg geht es über verschlungene Seitenkanäle Richtung Außenalster. Genauso reizvoll, oft sogar noch etwas abenteuerlicher, ist es, einfach drauflozupaddeln und sich vom Geflecht der Wasseradern leiten zu lassen. All dies ist inzwischen auch stehend möglich: Einige Bootsverleihe bieten auch Stand-up-Paddeln (SUP) an. Andere sind bestückt mit besonderen Wassergefährten wie zum Beispiel einem Schwan, der eigentlich ein Tretboot ist.

Tourenvorschläge und Adressen von Bootsverleihen unter www.hamburg.de

Auf der Liebesinsel

UND RUNDHERUM

Glücksmomente
im Stadtpark erleben

Sie liegt etwas verborgen am südlichen Rand des Stadtparks und eine kleine Brücke führt hinüber. Kanus und Ruderboote reihen sich malerisch am Ufer, große Stühle laden dazu ein, sich Händchen haltend niederzulassen und einander schöne Worte zuzuraunen. Doch nicht nur für Pärchen ist die Liebesinsel ein bezaubernder Ort. Viele Besucher des Stadtparks laufen daran vorbei, weil sie sich ein wenig hinter Baumesgrün verbirgt und viele auch gezielt die bekannteren Ziele des Stadtparks ansteuern, die zweifellos den Besuch genauso wert sind. Doch es lässt sich auch miteinander verbinden.

Violett, gelb, rot, weiß … In etlichen Schattierungen zeigt sich die Blütenpracht auf dem Pfad beim östlichen Zugang zum Stadtpark. Hier flanieren Besucher im Frühjahr durch ein regelrechtes Rhododendronblütenmeer. Der Pfad verläuft auf einer Strecke von einem halben Kilometer Richtung Westen. Nicht weit davon sind an vielen Sommerabenden verschiedenste Ohrengenüsse zu erleben: Auf der Freilichtbühne ist immer wieder etwas los, oft auch Konzerte von weltbekannten Bands oder Solo-Interpreten. Und dann gibt es ja auch noch dieses herrliche Naturfreibad. Nur eine Mauer trennt es vom Stadtparksee. Auf den begrünten Liegeterrassen weitet sich der Blick über das Gewässer. Zum Hamburger Stadtpark gehören außerdem ein Minigolfplatz, ein SUP-Verleih neben dem Freibad, das gemütliche Lesecafé beim Rosengarten, ein Biergarten und das Café Sommerterrassen. Familien können sich über mehrere Spielplätze freuen. Ein absolutes Highlight ist natürlich das Planetarium (siehe nächstes Kapitel).

Liebesinsel, Naturbad Stadtparksee und Freilichtbühne · Südring 5a/5b · 22303 Hamburg · www.stadtparksee.de · www.baederland.de/bad/ naturbad-stadtparksee.html · www.stadtparkopenair.de

PLANETARIUM

Das Planetarium
IM WASSERTURM

Stars & Sternchen
zum Greifen nah und doch so fern

*D*er ehemalige Wasserturm im Stadtteil Winterhude beheimatet das Planetarium, das sich einer stetig wachsenden Beliebtheit erfreut. Es ist eine der dienstältesten Sternentheater der Welt und nach einer rund zweijährigen Umbauphase auch eine der modernsten weltweit.

Neben Inszenierungen des Sternenhimmels zeigt das Planetarium innovative, unterhaltsame und poetisch-musikalische Reisen in die Tiefen des Alls. Nicht nur der Sternensaal wartet mit beeindruckender 3-D-Technik auf, auch das Planetarium selbst kann jetzt auf dem heimischen Computer oder auf dem eigenen Handy dreidimensional betrachtet werden.

In Kooperation mit omnia360 entwickelte das Planetarium Hamburg ein 3-D-Modell des gesamten Sternentheaters. Von der prächtigen Eingangshalle mit dem historischen Deckengemälde über die Ausstellung »Wir sind Sterne« bis hin zum Sternensaal können alle Ecken und Details des Planetariums erforscht werden.

Linnering 1 · (Stadtpark, früher Hindenburgstraße) · 22299 Hamburg · Tel. 040/428 86 52 10 · info@planetarium-hamburg.de · www.hamburg.de/planetarium

Frisches geniessen
AM GOLDBEKUFER

Ein beschaulicher Marktbummel am schönen Kanal

Am schönen Goldbekkanal ist es an bestimmten Wochentagen noch etwas schöner als sonst – zumindest für Wasserwanderer ist er ein Paradies, während die Ufer dann doch eher Kleingärten, Wohnhäusern und Gewerbe vorbehalten sind –: Zwischen den Ständen mit regionalen Lebensmitteln, Bio-Produkten und Spezialitäten trifft sich ganz Winterhude auf ein Schwätzchen. Schon fast Kult ist der Muffin-Stand mit Kaffee-ausschank (samstags). Hier hat man die Möglichkeit, sich so richtig schön treiben zu lassen, aber auch gezielt einzukaufen. Dienstags und donnerstags ist der Markt jeweils etwas kleiner.

Doch woher kommt eigentlich der Glück verheißende Name dieses netten Gewässers? Vom Gold im wörtlichen Sinne wohl nicht unbedingt, Goldwäscher traf man in diesen Breiten doch eher weniger an. Einen Geldsegen indes brachte im frühen 20. Jahrhundert die Idee ein, den vormaligen Bach in einen Kanal umzufunktionieren. Im Jahre 1925 hatte Winterhude mit 32,3 Prozent den höchsten Anteil an Industrie aller Stadtteile. Darunter auch die Firma Schüle & Mayr mit Desinfektionsmitteln gegen Cholera-Epidemien und Tropenkrankheiten. Ihr Verwaltungsgebäude ist heute als »Goldbekhaus« ein Zentrum für Stadtteilkultur.

GLÜCKSVERSTÄRKER

Raus aus der U-Bahn und einen leckeren Drink genießen. Nur wenige Stufen sind es vom Gleis bis zum Tresen der Cocktrail Bar unter dem Bahnhof Mundsburg. Passend dazu gibt es neben Mai-Tai-Standards eigene Kreationen wie »Zurückbleiben bitte«, »Last Stop« und »Abstellgleis«.

Schürbeker Bogen 12 · U-Bahn Mundsburg · Tel. 040/22 69 20 55 · Mo–So 17–open end (Happy Hour 17–21 Uhr) · https://cocktrail.de

----

Goldbekufer (zwischen Mühlenkamp und Wiesendamm) · U-Bahn Borgweg · Di/Do/Sa 8.30–13 Uhr

Die Aussenalster
EINMAL UMRUNDEN

Wandern wie an einem Binnensee auf dem Lande

Wandern mitten in der Metropole, das geht wohl nur im schönen Hamburg! Die Außenalster mit ihren Stegen, Schilfgürteln und Biotopen gleicht an vielen Stellen einem großen Binnensee auf dem Lande. Der idyllische Spazierweg führt fast komplett am Wasser entlang, mit zahlreichen schönen Lokalen zum Einkehren und Möglichkeiten, auf ein Boot oder die Alsterschiffe umzusteigen. So können sich selbst Zaghafte an die Umrundung wagen, die Strecke aber bei Bedarf immer noch spontan über das Wasser abkürzen. Insgesamt sind es rund sieben Kilometer, weitgehend auf ebenen Sandwegen. Eine Route, die sich übrigens auch perfekt zum Joggen eignet.

Ein guter Startpunkt ist das Ristorante Portonovo (Alsterufer 2), es liegt zentral nahe dem Dammtor-Bahnhof und bietet relativ gute Parkmöglichkeiten. Die Richtung ist Geschmackssache. Wer das lautere Stück an den Anfang legen möchte, startet gen Osten über die Kennedybrücke, die (zusammen mit der Lombardsbrücke)

Außen- und Binnenalster trennt. Anschließend folgt der Weg noch ca. einem Kilometer der Hauptverkehrsader An der Alster, rechts liegt St. Georg mit dem Hauptbahnhof, und bald ist auch das prachtvolle Hotel Atlantik zu sehen. Links finden sich, geschützt hinter Weiden und anderen Bäumen, ein paar Segelschulen mit ruhigen Cafés direkt am Wasser.

Dort, wo die Wandse in die Alster mündet, geht es tiefer ins Grüne, vorbei am Schwanenwik mit seinen Patriziervillen und dann nach links in die Nebenstraße Schöne Aussicht. Der Weg führt vorbei am Feenteich, und kurz dahinter ist die prachtvolle blaue Imam-Ali-Moschee zu sehen. Nach einem kleinen Abschnitt durch das luxuriöse Wohnviertel taucht das Wasser wieder auf, und die Hälfte ist geschafft. Ab dem Lokal Bobby Reich (Fernsicht) führt der westliche Uferweg durch den schönen Alsterpark zurück zum Ausgangspunkt.

Dann lassen sich Kaffee und Kuchen genießen: vielleicht in einer venezianischen Gondel der Boots-

vermietung Dornheim. Oder auf dem Steg bei Bobby Reich mit Alsterblick bis zur Innenstadt. Oder verschwiegen im Grünen bei der Alsterperle, wo man sich an einer ähnlichen Aussicht erfreuen kann … Hamburgs Gewässer bietet gastronomische Plätze, wie man sie nirgends sonst findet.

Der Name Bobby Reich will übrigens keineswegs zum Protzen verleiten, sondern verweist auf den Namen der Inhaberfamilie Sämann-Reich, und das betagte Schild und die zweck-

mäßige Inneneinrichtung des Lokals zeugen eher von hanseatischem Understatement bei einem hochkarätigen Blick übers glitzernde Gewässer. Schöne Plätze am Steg, mit hanseatischer Küche und Frühstücken wie »Regatta« oder »Skipper« und natürlich Bootsverleih.

Bobby Reich · Fernsicht 2 · U-Bahn Klosterstern · Tel. 040/48 78 24 · tägl. 10–22 Uhr · www.bobbyreich.de

Die Alsterperle
OPEN AIR MIT KULTFAKTOR

Ein ungewöhnliches stilles Örtchen am Wasser

Das winzige Lokal versteckt sich im Grün vor dem Schwanenwik wie eine Perle in der Auster. Ein ehemaliges Toilettenhäuschen hat sich in einen ganz wunderbaren Open-Air-Treff mit lauschigen Plätzen direkt am Wasser verwandelt – ganzjährig geöffnet für einen Aperol im Sommer oder einen Glühwein im Winter. Ein schöner Stopp auch für Jogger.

Das ehemalige Klohäuschen bietet seit über einem Jahrzehnt die einzigartigste Open-Air-Gastronomie Hamburgs. An diesem stillen Örtchen wird auf kleinster Fläche gekocht und gegrillt. Hier rückt man unter großen Bäumen gern zusammen und lässt sich von den Schwänen besuchen. »Mit dieser Aussicht und was Leckerem im Bauch kriegt bei uns jeder gute Laune!«, versprechen die Betreiber.

Eduard-Rhein-Ufer 1 ·
Tel. 040/22 74 82 73 ·
tägl. ab 8–mind. 21 Uhr ·
www.alsterperle.com

Viel Regionales
IM KAUFHAUS HAMBURG

Köstliches und Kreatives
aus der Hansestadt

Ein Kaufhaus mit vielen Hamburger Produkten: kulinarische Spezialitäten, Kunsthandwerk, Design, Naturkosmetik und seit Neuestem sogar Bücher aus dem Selbstverlag. Klare Sache, dass sich hier auch das ein oder andere Mitbringsel findet. Und oft ist etwas Besonderes los, sei es eine Vernissage, eine Lesung oder eine Verkostung.

Lange Reihe 70 · U-Bahn/S-Bahn Hauptbahnhof · Tel. 040/22 81 56 69 · www.kaufhaus-hamburg.de

Das Kaufhaus Hamburg startete mit einem komplett auf die Hansestadt bezogenen Sortiment. Inzwischen sieht man es lockerer und bietet zum Beispiel auch andere maritime Dinge an. Doch nach wie vor ist hier vieles zu entdecken, das einer Liebeserklärung an Hamburg gleichkommt, etwa Frühstücksbrettchen zu den einzelnen Stadtteilen. Der Glückspilz darunter ist demnach Ottensen, weil er »Alt-68ern genauso schmeckt wie Familien – aber giftig wird, wenn man seine Ruhe stört.«

Auch an die Kleinen hat man geacht mit einer Ecke, in denen Hamburgtyisches für Kinder genauso zu finden ist wie andere kindgerechte Kleinigkeiten.

Maschinisten und mehr
THE ART OF HAMBURG

Künstlerisch-maritime
Liebeserklärungen

Und noch ein besonderes Kaufhaus in der Langen Reihe, oder vielmehr ein Kaufhäuschen. In selbst gezimmerten Räumlichkeiten aus weiß getünchtem Elbtreibholz wird Design aus Künstlerhand präsentiert, darunter auch maritime Liebeserklärungen. Wie wäre es etwa mit einem lässigen »Maschinistin«-T-Shirt, aus der Kollektion, die für die Maschinisten des Dampfschiffs St. Georg entwickelt wurde? (Filiale im Hafen, Ditmar-Koel-Str. 19).

Im Jahre 2006 eröffnete dieses erste und damals noch klitzekleine Kaufhaus der Künstler, um der Welt außergewöhnliche Unikate zu zeigen. »Ein ganz besonderer Ort in der Stadt, die uns so am Herzen liegt und die immer wieder Thema unserer Kunst ist«, so die Betreiber. Aus einem Kaufhaus wurden zwei, mit denen sie sich jeden Tag aufs Neue ihren Traum erfüllen: »Natürlich ist es schön, für viel Geld große Bilder zu malen. Aber wir wollten einen Platz erschaffen, von dem aus wir die ganze Welt ein bisschen bunter und schöner machen konnten – unabhängig von Galeristen und den üblichen Regeln des Kunstmarktes«, so der Künstler Frank Bürmann, einer der Initiatoren.

Lange Reihe 48 · U-Bahn/S-Bahn Hauptbahnhof · www.the-art-of-hamburg.de

Koppel 66, ein Haus
FÜR KUNST UND HANDWERK
Wo die Dinge eine Seele bekommen

*M*ehrere Ateliers unter einem Dach: In diesem Haus für Kunst und Handwerk sind schöne Holzschnitte genauso zu bekommen wie handgefertigte Schreibgeräte, Schuhe, Hüte oder Olivenölseifen. Es zogen auch ein Fotostudio für Porträts, eine Gewandmeisterin, Ateliers für Schmuck und ein Atelier für freie Malerei ein. Zurzeit arbeiten 20 Künstler und Kunsthandwerker in zwölf dem Publikum offenstehenden Werkstätten und Ateliers. Mit dem Kunstforum GEDOK im Foyer (nachmittags) und schönem vegetarischem Café, wo man im Sommer auf Rattanstühlen im lauschigen Innenhof sitzt.

Nur die Laufkatze unter dem großen Glasdach erinnert heute noch an die ursprüngliche Nutzung der ehemaligen Maschinenfabrik, die 1924 im Stil des Hamburger Art déco erbaut wurde – einer Abwandlung der Neuen Sachlichkeit nach Schumacher. Und wen man schon einmal hier ist: In der Langen Reihe, die Koppel 66 liegt mittendrin, gibt es auch viele nette Läden und weitere Cafés.

- - - - - - - - - - - - - - - - - - - -

Lange Reihe 75 · U-Bahn/S-Bahn Hauptbahnhof · Tel. 040/38 64 19 30 (Café Koppel Tel. 040/24 92 35) · www.koppel66.de · www.gedok-hamburg.de · www.cafe-koppel.de

Bönning-stedt
Garstedt
Mühlenau
Wendlohe
LANGEN-HORN

Burg-wedel
SCHNELSEN
Krupunder
NIENDORF
FUHLS-BÜTTEL

Etz
harinen-hof
Waldenau-Datum
Butterbargs-moor
Brande
LOKSTEDT
EPPENDORF
Holthusenbad
SCHENEFELD
Friedrichs-hulde
Scarpovino
WINTER-HUDE
Im Schnaaken-Moor
Heimatjuwel
Little Amsterdam
EDEL
RISSEN
SULL-ISERBROOKORF
OSDORF
KL!CK Kindermuseum
EIMSBÜTTEL
HARVESTEHUDE
nischer Garten &
ensteiner Ufer
Markt in Blankenese
FLOTTBEK
Salon Wechsel Dich
Alsterpark
terelbe
BLANKENESE
NIEN-STEDTEN
Ralphs Kiosk
ALTONA
OTTEN-SEN
ST. PAULI
Biergarten im Elbe-Camp
nnenuntergang auf dem
Ponton op'n Bulln
OTHMAR-SCHEN
STEIN-WERDER
KL.-GRASBRO
Hafen-museum
Hinterbrack
Versteckter Strand von Teufelsbrück
Fähranleger Teufelsbrück
B. Sweet
WALTERS-HOF
BallinStadt
Auswanderermuseum
Königreich
Hovel
FINKEN-WERDER
HAMBURG
GEORGS-WERDE

Alte Süderelbe
ALTEN-WERDER
Altes Land
Hohen-wisch
WILHELMS-BURG
Rübk
Neu-graben
Neuwie-denthal
MOORBURG
Neu Wulmstorf
Fischbek
Haus-bruch
HEIMFELD
Ovelgönne
EISSEN-DORF
lendorf
Immen-beck
Ketzendorf
Wulms-torf
Elstorf
RÖNNE-BURG
ensen
Va
d
N
Glüsingen
Schwieders-torf
Rosengarten
Fleecested

0   5 km

Westlich der Alster

Multikulti, Szene und Schickes – die Stadtteile westlich der Alster sind besonders bunt und vielfältig. Egal, wie das Wetter ist, man sitzt draußen beim Portugiesen oder vor anderen Lokalen, taucht ein in besondere Boutiquen oder erfreut sich an kulturellen Überraschungen. Vor allem aber ist ein schöner Platz am Wasser immer nah, sei es am westlichen Alsterufer oder in den lauschigen Elbvororten. Auch mit herrlichen Parks weiß dieser Teil Hamburgs zu verzaubern.

Glück pur
IM HOLTHUSENBAD

Eine Saunawelt
der allumfassenden Sinneseindrücke

*A*uf den Monitoren flimmert *Der Blaue Engel* mit Marlene Dietrich, Swingklänge ertönen, während der Körper sich dem wohligen Schwitzen hingibt. Dazu duften ätherische Öle oder Natursude – nur diese werden im Holthusenbad bei Aufgüssen verwendet. Neu in dem alteingesessenen Wellnesstempel, dessen Therme im klassizistischen Stil auch visuell besticht, ist die Saunawelt im Stil der 1920er-Jahre. Das Flair der Jahrhundertwende nimmt einen gefangen im bis zu 90 Grad Celsius aufgeheizten »Lichtspielhaus«, wo das Team stündlich auch gern einmal durch Film und Musik begleitete Aufgüsse durchführt.

Zum noch entspannteren Genießen und Schwitzen bei 80 Grad Celsius lädt die nostalgische »Kaffeestube« ein. Außerdem bietet das Holthusenbad die 70 Grad warme »Eppendorfer Stube«, die 100 Grad heiße »Glashütte«, ein Dampfbad, ein Eukalyptusbad, ein Stein-, Aroma- und Vitalbad und weitere Schwitzangebote an sowie ein Wellenbad und ein beheiztes Außenbecken für Schwimmer. Doch allein schon die Möglichkeit, sich im blubbernden Wasser des Thermalbads wohlig zurückzulehnen, während die Sonne ihre Strahlen durchs Fenster schickt, ist Glück pur.

- -

Goernestr. 21 · 20249 Hamburg ·
Tel. 040/18 88 90 · www.baederland.de

Spaziergang
IM ALSTERPARK

So schön kann man dem Stadttrubel entweichen

Das Westufer der Außenalster entführt aus dem Stadttrubel und bedeutet doch ein Sehen und Gesehenwerden. Am glitzernden Wasser entlang leitet die Promenade durch lauschiges Grün, vorbei an einem Seerosenteich und Wiesen mit einladenden Holzsesseln. Die Skulpturen stammen aus den 1950er-Jahren, als die Grünflächen für die Internationale Gartenausstellung genutzt wurden. Lokale am Wasser und Verleihstationen für Ruder- und Tretboote bereichern den Alsterpark zwischen Fernsicht und Alter Rabenstraße mit den jeweiligen Anlegern der Alsterdampfer. Südlich davon führt ein Spazierweg noch weiter am Ufer entlang bis in die Innenstadt.

In einigen Wintern verzaubert die Außenalster als riesengroße Eisfläche. Aus manchen Blickwinkeln ist der Trubel ganz weit weg und es zeigt sich eine das Ufer säumende Märchenlandschaft mit vielleicht verschneiten Bäumen, von Raureif überzogenen Schilfgürteln und Holzstegen. Dahinter glitzert verführerisch das Eis. Erleben kann dies, wer ganz früh aufsteht, denn wenn endlich wieder einmal das eingetreten ist, was sich wohl alle Hamburger in jedem Winter wünschen, wird der stille Alstersee (der genau genommen ein Fluss ist) im Laufe eines Tages zum Schauplatz eines unvergleichlichen Volksfests. Die Melodie kratzender Kufen liegt in der Luft, Glühweinduftschwaden wabern an die Ufer. Fröhliche Menschen mit Schlitten und Kinderwagen bevölkern die je nach Wetter schneeweiße oder glasklare Fläche, oft sieht man sie dann vor lauter Menschen gar nicht. Rund eine Million Leute kamen 1997, als die mehr als anderthalb Quadratkilometer große Außenalster dick genug zugefroren war, um diesen Ansturm und etliche Buden zu tragen.

U-Bahn Hallerstraße · www.hamburg. de/kirschbluetenfest-hamburg

Eine märchenhafte
REISE NACH CHINA

Yu Garden mit Teehaus: willkommen in Schanghai

Mitten in der Bebauung des Stadtteils Rotherbaum wird es plötzlich ganz still. Die Ruhe eines Arrangements aus Wasser, Stein und dicht wachsenden Pflanzen scheint einen förmlich aufzusaugen, und schon steht man in einer fremden Welt mit Pagodendächern, fernöstlichen Holzschnitzereien und roten Seidenlampen. Ein verwinkelter Weg auf Steinsäulen führt über einen Teich. Im märchenhaften Hamburger Yu Garden mit Teehaus geht die Reise unmittelbar nach China. Über eine von zwei Löwen bewachte Treppe oder Tierbilder aus Kieselstein betritt der Gast dieses kleine Stück Schanghai. Vorbild ist der dort zu findende, architektonisch hoch entwickelte Hu-Xin-Ting-Pavillon.

Pate hierfür stand wohl der Yu Garden in Schanghai, ein Paradebeispiel der Gartenkunst im Reich der Mitte. Dieser wurde ab 1559 als Privatgarten in einem zwei Hektar großen Gelände kultiviert. Pān Yŭnduān, ein hoher Beamter der Ming-Dynastie, soll ihn für seinen Vater geschaffen haben.

Der Hamburger Yu Garden liegt direkt hinter dem MARKK Museum am Rothenbaum Kulturen und Künste der Welt (ehemals Völkerkundemuseum), wird aber eigenständig betrieben. Rund sechs Millionen Euro ließ sich Schanghai diese Idylle kosten. Hamburg stellte als Gegenleistung das wertvolle Grundstück für 30 Jahre unentgeltlich zur Verfügung. So pflegt man die seit 1986 bestehende Städtepartnerschaft.

Vor der Renovierung, die bald abgeschlossen sein dürfte, dienten die eindrucksvollen Gebäude als Restaurant mit einem Tourismus- und Kulturzentrum. Im Teehaus, dem Mittelpunkt des Yu Gardens, fanden bisher schon Vorträge, Kurse und Feste zur chinesischen Kultur statt. Es ist geplant, nach der Neueröffnung alles wieder aufleben zu lassen. Für eine stille Stunde der Betrachtung können sich Besucher aber schon jetzt wieder im Außenbereich aufhalten.

Feldbrunnenstr. 67 · 20148 Hamburg · U1 Hallerstraße

GLÜCKSVERSTÄRKER

Hamburg, die weltoffene Stadt –
das spiegelt sich auch in der
ethnologischen Schatztruhe des
MARKK Museum am Rothen-
baum Kulturen und Künste der
Welt wider. Unter dem »Dach der
Kulturen« vereinen sich hier
Traditionen aller Kontinente zu
einem lebendigen, sinnlichen Museum, das man bei dieser Gelegenheit auch besucht haben sollte.

*MARKK Museum am Rothenbaum
Kulturen und Künste der Welt · Rothen-
baumchaussee 64 · 20148 Hamburg ·
www.markk-hamburg.de · Di–So 10–18
Uhr, Do bis 21 Uhr*

Wellness und Wohlfühlen

TOP 5

1 **MeridianSpa City** Schaarstein-
weg 6. Im japanischen Garten
entspannen mit Blick auf den Michel:
Saunieren, Massagen, Ayurveda-An-
wendungen und Bodycare im Herzen
der Stadt.
www.meridianspa.de

2 **Bondenwald-Bad** Friedrich-
Ebert-Straße 71. Das Besondere
hier sind die Themensaunen: Ein
großer Bereich entführt in den fernen
Osten, mit japanischem Garten und
Koikarpfen-Teich.
www.baederland.de

3 **Bartholomäustherme** Bartholo-
mäusstraße 95. Hier geht es ruhig
und entspannend zu, denn es haben
ausschließlich Erwachsene Zutritt.
www.baederland

4 **Day Spa im The George** Barca-
straße 3. Zum Träumen schön
sind Sauna und Ruhe-Lounge im Mar-
rakesch-Style, von der Dachterrasse
aus liegt einem St. Georg zu Füßen.
www.dayspa-hamburg.de

5 **MeridianSpa Alstertal** Heegbarg
6. Gleich sechs verschiedene
Saunen und Warmluftbäder; dazu eine
Dachterrasse mit Relaxpool, eine gemütliche Kaminecke, fünf Whirlpools
und vieles mehr.
www.meridianspa.de

Eis aus Eimsbüttel
IM EISBÜTTEL

Köstliches aus dem gar nicht immer kühlen Norden

Es ist wie ein Feuerwerk im Gaumen: Eis in besonderen Geschmacksrichtungen, handgemacht aus natürlichen Zutaten, bekommt man in der kleinen, gemütlichen Eisdiele Eisbüttel. Zwölf Sorten stehen zur Wahl. Sie alle werden von Betreiberin Ira Junge in der Eisküche selbst zubereitet und durch ein kleines Fenster kann man ihr dabei zuschauen. Vorher als Redakteurin tätig, hatte sie beschlossen, sich neu zu orientieren.

Sie erlernte das Handwerk an der nach Angaben der Betreiber »ersten Eisfachschule« im westfälischen Werl, sammelte dann Berufserfahrung bei einem Praktikum in einer italienischen Eisdiele in Ottensen. Währenddessen begab sie sich auf die Suche nach einem geeigneten Raum in Hamburg – und entdeckte schließlich das backsteinrote Haus in der Lutterothstraße. Es war wie geschaffen für ihr Vorhaben. Ira Junge richtete es gemütlich ein, hängte Bilder auf, die ihre Kinder beim Eisessen zeigen, es sind Familienmitglieder in jüngsten Jahren. So entstand mit viel Liebe zum Detail ein besonders gemütlicher Ort. Und der Stadtteil Eimsbüttel wurde für Ira zu Eisbüttel.

Mitten im Wohngebiet an der Kreuzung Schwenckestraße und Lutterothstraße wird ab sofort selbst hergestelltes Eis angeboten. Besonders gut kommt an, dass sie auch verschiedenste Sorbets zubereitet, wie geschaffen für Menschen, die keine Milch mögen oder vertragen. Neben fruchtigen Sorten gibt es auch ein Schokoladensorbet. »Es hat einen besonders hohen Anteil an Schokolade und schmeckt daher noch intensiver als Schokoladen-Eiscreme«, erklärt die Betreiberin.

Lutterothstr. 45 · 20255 Hamburg ·
Tel. 040/55 63 63 80 ·
www.eisbuettel.de

Eis
1 Kugel
kleine Kugel
1,30
1,00
Streusel
0,20
bunt, Schoko, Krokant
hausgem. Saucen
0,40
Frucht, Schoko, Caramell
Sahne
groß
0,70
klein
0,40
Spaghetti-Eis
groß
4,80
klein
3,50
Getränke
Cappuccino
Latte Macchiato
Eiscafé

Überraschungen
IM HEIMATJUWEL

Die norddeutsche Küche:
So fein schmeckt hier lokal

Vorspeise: Nordseekrabben – Blumenkohl – Bachkresse. Als Zwischengang gern Velouté von jungen Erbsen – Skyr – Holsteiner Schinken. Der Hauptgang? Fang des Tages – Cesar-Salat in Texturen. Wie wäre es mit einem Dessert: Waldmeister – Rhabarber – Ziegenquark – Gin? Und der Käse zum Abschluss, Blauer Baron – Mairüben – Studentenfutter. So zum Beispiel kann im Heimatjuwel ein nach der Abendkarte zusammengestelltes Menü aussehen. Der Gast wird gewissermaßen überrascht, denn er kennt zwar die Zutaten, ein Geheimnis aber bleibt, wie sie zubereitet und arrangiert werden. Die zunächst spartanisch anmutende Präsentation auf der Speisekarte verdeutlicht, worum es hier geht: original regionale Produkte, die ihren Wert für sich haben. Da braucht es keine schnörkeligen Umschreibungen.

Aus den regelmäßig wechselnden Gerichten der Abendkarte können die Gäste sich ihr eigenes Menü mit drei, vier, fünf oder acht Gängen zusammenstellen. Freitags, samstags und an Feiertagen werden Menüs ab vier Gängen serviert, die man ebenfalls individuell kombinieren kann.

Inhaber Marcel Görke setzt auf feine norddeutsche Küche mit besten Produkten aus der Region. Seit mehr als 20 Jahren Koch aus Leidenschaft, erfüllte er sich einen Wunsch mit dem eigenen Restaurant. Seine Philosophie: »Warum in die Ferne schweifen, denn das Gute wächst so nah.«

In diesem Sinne könnte man auch die Lage des Heimatjuwels verstehen: Schön zentral im beliebten Stadtteil Eimsbüttel nahe der U-Bahn Lutterothstraße. Ein schönes Ziel also auch für den krönenden Abschluss eines Bumels durch die umgebenden Straßen mit ihren vielen kleinen Geschäften.

Stellinger Weg 47 · 20255 Hamburg ·
Tel. 040/42 10 69 89 ·
http://heimatjuwel.de

Relaxen
IM WOHLERSPARK

Grillen und chillen
zwischen verwitterten Grabsteinen

Jeder nutzt die geschützten Rasenflächen zwischen urigen Lindenalleen, dichten Büschen und verwitterten Grabsteinen auf seine Weise. Für Tai-Chi oder Meditation zum Beispiel. Slacklines werden gespannt, Gitarren oder Bluetooth-Boxen hervorgeholt, und natürlich raucht auch immer irgendwo ein Grill. Das Publikum ist bunt wie auch sonst hier im Schanzenviertel, sein Plätzchen findet fast jeder.

Der Wohlerspark, so benannt aufgrund seiner Lage an der Wohlersallee, war einmal der Friedhof Norderreihe. Dieser gehörte zur evangelisch-lutherischen Kirchengemeinde St. Johannis, das Gotteshaus ragt noch immer hinter dem Grün der Parkanlage auf. Er diente von 1831 bis 1979 als Friedhof; neue Grabstellen wurden aber nur bis 1897 zugelassen. Noch bis ins Nachkriegsjahr 1948 bauten die Hamburger zwischen den Gräbern Kartoffeln und Gemüse an.

Der Wohlerspark hat eine ganz besondere, mystische Atmosphäre. Das liegt zum einen daran, dass die historischen Strukturen weitgehend erhalten geblieben sind. Noch immer erinnern einige Grabmale an namhafte Hanseaten. Zugleich ist der Friedhof ein Teil des Parks geworden, mit ihm regelrecht verwachsen, und auf den alten Grabplatten darf man nun Platz nehmen, um die Sonne zu genießen. Auch die Perspektiven sind besonders, die kreuzförmig verlaufenden Lindenalleen, das große Rondell in der Mitte mit seinen Skulpturen. Besonders schön ist es hier im Frühling, wenn die Bäume im Wohlerspark rosarot und weiß erblühen. Vor Ort munkelt man, Anwohner würden ihren Lieblingsplatz in Hamburg gern in »Wohlfühlpark« umbenennen lassen.

Der Friedhof wurde damals geschaffen, um den Heilig-Geist-Kirchhof der Hauptgemeinde St. Trinitatis zu entlasten. Damals befand er sich am nördlichen Rand der Stadt Altona. Von außen teils kaum zu erahnen, da hinter Mauern verborgen, bietet er heute ein mehr oder weniger stilles Refugium mitten in St. Pauli, sogar von der Reeperbahn aus ist er gut zu erreichen.

Little Amsterdam
AM ISEBEKKANAL

**Caféidylle
wie an einer holländischen Gracht**

Nicht wenige Hamburger kennen Bruno Kilzer, denn er betreibt auch das Café Seepavillon in Planten un Blomen. An einer verträumten Brücke, die über den Isebekkanal

GLÜCKSVERSTÄRKER

Der Isebekkanal, an dem sich »Little Amsterdam« befindet, ist besonders beliebt bei Stand-up-Paddlern. Wer sich nicht selbst auf das Board stellen möchte, genießt vom Ufer aus einen besonders idyllischen Blick ins Grüne. Und noch ein Tipp: Gleich um die Ecke befindet sich der Isemarkt, der wohl bekannteste Wochenmarkt in Hamburg, mit etlichen Produkten, die direkt aus der Region kommen.
Isemarkt · Di 18.06.2019–Fr 27.12.2019 · Isestraße 1–73 · 20149 Hamburg

führt, verwandelte er nun ein ehemaliges WC-Häuschen in ein Ausflugshäuschen mit holländischem Flair. Ein Stückchen Amsterdam mitten in Eppendorf. Der Blick schweift durch alte Sprossenfenster auf den Wasserlauf. Draußen sitzt man an urigen Holztischen oder auf Liegestühlen, die sich bei schönem Wetter noch bis weit über die vorgelagerte Wiese verteilen. Wilde Blumen und angepflanzte Tomatensträucher und noch viele andere detailverliebte Ideen machen diesen Ort zu einem des besonderen Genusses. Auf der Speisekarte stehen unter anderem vegane Wraps, Ciabatta und Croques mit Brioche, Merguez und Salsiccia sowie selbst gebackene Kuchen.

Klosterallee 69 · tägl. 11–24 Uhr · Tel. 040/33 37 03 28 · facebook.com/LittleAmsterdam

*H*ier dürfen Gäste es getrost einmal tun: einfach zugreifen und Teile des Mobiliars oder der Dekoration mitnehmen. Denn hier dienen Tische, Stühle, Teller, Tassen und andere Wohnaccessoires nicht nur dem Zweck, sondern werden auch verkauft. So ist der Name Programm: Der Salon Wechsel Dich verändert immer wieder sein Gesicht. Genauso verführerisch sind die hauseigenen süßen und herzhaften Waffeln und selbst gebackenen Kuchen. Auch für ein leckeres Frühstück oder zum Mittagessen lohnt es sich zu kommen. Verwendet werden überwiegend regionale Produkte. Auch an Kultur ist einiges geboten, regelmäßig gibt es Vernissagen, Handmade-Abende oder Workshops.

Der Salon Wechsel Dich hat außerdem eine Zweigstelle auf St. Pauli, im beliebten Karoviertel. Dort können Gäste von der zugehörigen Terrasse aus das Treiben in der Marktstraße auf sich wirken lassen oder ein paar schöne Stücke im gemütlichen Innenraum bewundern (und bei Gefallen erwerben).

Grindelhof 62 · 20146 Hamburg ·
Tel. 040/32 03 98 89 ·
tägl. 10–18 Uhr ·
Marktstr. 142: Sa/So 10–18 Uhr ·
www.salonwechseldich.de

B.Sweet
ALLERLEI SÜSSES

**Feinste Naschereien und
feinste Wäsche in Ottensen**

Ein Geschäft, bei dem das Frauen-
herz einen Salto schlägt. Alles,
was süß ist und verführt, konkret
feinste Naschereien und feinste Wäsche, füllen zwei Räume des im Bou-
doir-Stil eingerichteten Geschäfts.

Die Dessous ausgewählter Marken-
hersteller sind nicht zu frivol, sondern
schlichtweg entzückend. Diesen Anspruch zu erfüllen, liegt Betreiberin
Birgit Kussmaul-Basedahl am Herzen.
Viele Farben und die kunstvollsten
Spitzen sind vertreten. Darunter
detailverliebte Wäsche unter anderem von Dora Larsen, Verdissima,
Simone Perele, D NU D, Montelle und
Wacaol. Auch feine Bademoden gehören inzwichen zum Sortiment. Im
Hinterzimmer bekommen Mädels und
Frauen eine fachkundige Beratung,
bis der BH gefunden wurde, der auch
wirklich perfekt sitzt. Sogar an einen
Heizstrahler in der Umkleidekabine
hat man gedacht.

Dazu gibt es zart Schmelzendes wie
Pralinen, Petits Fours, Macarons und
das Beste: Pumps aus Schokolade.
Hier findet sich auch besonders Schönes und Originelles zu schokoladigen
Anlässen wie Weihnachten oder Ostern. Es verführen belgische Pralinen,
feinstaniolisierte Schokoladenfiguren,
Tafelschokoladen aus aller Welt, Ca-
lissons, Macarons, Quittenbrot, Scho-
kolinsen in Herzchenform und noch
vieles andere mehr.

*Ottenser Hauptstr. 40 · S-Bahn Altona ·
Tel. 040/32 52 25 58 · Di–Fr 11–18,
Sa 11–15 Uhr (Advent bis 18 Uhr),
Dez. auch Mo geöffnet ·
www.b-sweet.com*

Wo Bonbons
NOCH BONSCHE HEISSEN

Handgefertige bunte Naschereien mit Showeffekt

Der Duft, der aus der Tür dringt, ist süßer als Weihnachten und Ostern zusammen. Drinnen rollen, kneten und rühren freundliche Mitarbeiter, in großen Kupferkesseln dampft gelöster Rohrzucker. Jeder kann kommen und sich davon überzeugen, wie sich ein rohrdicker Riesenbonbon in die Länge zieht und zu vielen fingerdünnen Rollen wird. Erkaltet und zerhackt, entstehen daraus Hunderte kleiner Bonbons. An den glatten Bruchkanten leuchten klare Farben oder Bilder. Mal lächelt ein Smiley, mal verzaubert ein Herzchen, mal erinnert ein Anker an »Hamburch«. Es gibt Ahoi-Bonsche mit selbst kreierter Brause und Moin-Moin-Bonsche mit Rote-Grütze-Geschmack und so viele andere bunte Dinge, dass man sie kaum aufzählen kann. Sie sind aufgereiht in großen Bonbongläsern und lassen sich, wie früher im Kaufmannsladen, nach Herzenslust in Tüten schaufeln.

Andrea Bock und Uwe Sponnagel, ursprünglich Erzieherin und Diplom-Pädagoge, hatten nach neuen Perspektiven gesucht. Bei einem Besuch in Dänemark entdeckten sie eine Bonbonmanufaktur. Nun wussten sie, was zu tun war. Sie eigneten sich das nötige Fachwissen an, entwickelten Rezepturen und lernten das Bonbonmachen in der heimischen Küche.

GLÜCKSVERSTÄRKER

Wer keine Gelegenheit hat, den Bonscheladen zu besuchen, kann sich mit einem Blick auf die zugehörige Homepage den Tag versüßen lassen. Dort gibt es unter anderem das »Bonschekino« mit Links zu schmackhaften Videos und sogar ein Bonbonrezept zum Nachkochen. Dies lohnt sich natürlich genauso auch für alle, die schon vor Ort waren.

www.bonscheladen.de

Bonscheladen · Friedensallee 12 · 22765 Hamburg · Tel. 040/41 54 75 · Di–Fr 11–18.30 Uhr, Sa 11–16 Uhr · Schauproduktion (kostenlos): Di–Fr 16.15 Uhr/Sa 14.30 Uhr

Friede & Friedchen
VERSTEHEN SICH BESTENS
Ein Boutiquen-Duo zum Verlieben

*D*ie »Friede« ist qualitätsbewussten Ladys aus Altona schon lange ein Begriff, bekommt man doch in der kleinen Boutique besonders schöne Kleider mit dem gewissen Etwas, etwa von King Louie, Container, Avoca und anderen besonderen Marken. Gar nicht weit davon hat Silke Ohlsen im Dezember 2018 nun das »Friedchen« eröffnet, ein weiteres Geschäft für hochwertige Mode, feinen Schmuck und ausgesuchte Wohnaccessoires. Als Einzelhändlerin mit der Friede im Viertel bereits seit zehn Jahren verwurzelt, hat sie in den Räumen einer ehemaligen Schlachterei in der Eulenstraße 47 eine Idee umgesetzt, die ihr schon lange am Herzen liegt. »Im Friedchen finden Sie Mode für Frauen und Produkte, die sich durch ein besonderes und trendunabhängiges Design auszeichnen. Gleichzeitig werden alle Sachen mit Respekt vor Mensch und Natur hergestellt«, erklärt die Unternehmerin.

In dem liebevoll dekorierten Laden mit seinen blau-weiß gemusterten Wandfliesen und dem prachtvollen Deckenstuck lassen sich viele europäische Designlabels entdecken, die in Hamburg sonst nur selten zu finden sind.

- -

Friede · Friedensallee 30 ·
Friedchen – Fair Fashion & Living ·
Eulenstr. 47 · Tel. 040/27 86 07 00 ·
Die–Fr 11–18.30 Uhr, Sa 11–17 Uhr

ALTONA AN LAND

Außergewöhnliche Stadtrundgänge für Entdecker*innen

Die Expertinnen von Landgang Altona lichten den Anker und entführen auf einen außergewöhnlichen Stadtrundgang. Landgang-Chefin Nicole Nebel kennt das Quartier besser als ihre Westentasche und weiß um die Vorlieben von Stadtbesuchern. So geht es auch abseits der großen Straßen zu besonderen Manufakturen und in schöne Hinterhöfe, in Geheimtipp-Lokale und zu verborgenen Kulturschätzen.

Angeboten werden unter anderem eine Dichtertour, die Seemannstour oder ein Rundgang, bei dem es um die Entwicklung vom Dorf zur Metropole geht. Bei verschiedenen Rallyes laufen die Gehirnzellen auf Hochtouren. Bei der »Ottensen Rallye« sind Aufgaben rund um das beliebte Stadtviertel zu lösen. Seit Neuestem gibt es außerdem eine Rallye durch das Altonaer Hafengebiet. Nicole und ihre Stadtführer-Crew haben dazu die passenden Anekdoten auf Lager, von dänischer Historie bis hin zu sagenhaftem Geflunker und echtem Seemannsgarn.

Dazu muss man wissen: Ottensen ist ein besonders lebendiger Stadtteil, in dem sich viele Geschichten und Gegensätze verbergen. In dem aus einem mittelalterlichen Dorf gewachsenen Viertel treffen heute Künstler und Handwerker, Lebemänner und Manager (natürlich genauso auch die jeweils weibliche Variante) und viele andere Menschen aus über 100 verschiedenen Nationen aufeinander. Und doch fühlt es sich immer noch dörflich an – mitten in der Metropole Hamburg.

Ottensen wurde im Zuge der Industrialisierung als Arbeiterquartier gebaut. Das Zentrum bilden die Bahrenfelder Straße und die Ottenser Hauptstraße mit ihren kleinen Geschäften, Cafés und Kneipen. Bis heute prägen Fabriketagen in den Hinterhöfen das Bild. Hier zeigt sich die Vielfalt der Kulturen wie an kaum einem anderen Ort in Hamburg. Nicole und ihre Crew entführen mitten in diese bunte Mischung, immer nah an der Waterkant.

----

www.landgang-altona.de

Warum Hamburger
SO GLÜCKLICH SIND

Heimliches Lachen und besonders innige Abschiedsgrüße

Na gut: In der Statistik sollen die Schleswig-Holsteiner den ersten Platz belegen, aber Hamburg gleich dahinter kommen. Nebenbei kann man uns durchaus in einen Topf werfen, sind wir doch engste Nachbarn und profitieren von denselben Glücksbringern: gleich zwei Meere in der Nähe, die schöne Elbe genauso, meist weltoffene Menschen und eine intensive Freiheitsgefühle weckende Weite. Noch allerdings hat wohl niemand so genau analysiert, warum gerade der hohe Norden die bundesweite Glücksstatistik tatsächlich anführt, doch diese Dinge scheinen schon einmal naheliegend

zu sein. (»Am Wetter kann es ja wohl nicht liegen!«, soll schon der eine oder andere Freiburger gefrotzelt haben.) Doch es liegt sicherlich auch noch an einigen Besonderheiten, die vielleicht nicht jedem gleich auffallen. Zum Beispiel die Art und Weise, wie echte Hamburger sich verabschieden. Nicht ein kurzes, kühles »Tschüß!« wird da in den Raum geworfen. Nein, man sagt »Tschühüüüüs«. Es klingt so, als wollte man sich von dem netten Gegenüber gar nicht so schnell verabschieden, sondern mit dem lang gezogenen Gruß noch an der schönen Begegnung festhalten, so wie man die Hand eines gemochten Menschen erst nach Momenten loslässt. Und noch etwas gibt es wohl nur in Hamburg: Man sitzt draußen, ob es nun stürmt oder schneit, breitet glücklich ein Deckchen am Elbufer aus oder schmiegt sich unter dem Heizpilz aneinander. Denn Wärme kommt doch bekanntlich auch von innen. Und auch wenn Urhamburger zum Lachen in den Keller gehen – wer sie dort trifft, lernt ihr sonniges Gemüt umso besser kennen.

Fähranleger
TEUFELSBRÜCK

Sundowner,
wo die Lotsen anlegen

Vom Elbufer aus ist der Imbiss auf dem Ponton kaum zu erahnen, so laufen Auswärtige gern einmal daran vorbei. Doch dort, wo die Hafenfähre ihre Gäste aufnimmt und Lotsenboote mit schwungvollem Anlegemanöver eine kleine Show bieten, sitzt man besonders herrlich direkt am Wasser. Aus dem kleinen Imbissfenster kommen leckere Pommes rot-weiß und alles, was das Herz sonst so begehrt. Am schönsten ist es, wenn die Abendsonne ein Glas Weißwein oder eine Apfelschorle zum Leuchten bringt.

Der Fähranleger Teufelsbrück liegt südlich des Jenischparks, dort, wo die Flottbek in die Elbe mündet. Nur hier verläuft die Elbchaussee auf derselben Höhe wie das Ufer. So ist der maritime Imbiss auch ein schöner Zwischenstopp bei einem Spaziergang oder einer Radtour entlang der Elbe, und hinüber nach Finkenwerder kommt man hier auch. Zum Verweilen lädt auch der großzügige Platz vor dem Anleger ein. Es gibt Bänke mit schönem Wasserblick und mit der »Dübelsbrücker Kajüte« ein Lokal, in dem man auch ziemlich gemütlich drinnen sitzen kann.

Der versteckte Strand
VON TEUFELSBRÜCK

Noch ein oft unbemerkter
Platz für Glücksmomente

*A*uch ihn bemerkt erst, wer sich einmal um die Ecke wagt. Manche würden die kleine, von Gestein gerahmte Sandfläche wohl nicht gleich als Strand bezeichnen, auch wirkt sie gar nicht so besonders auf den ersten Blick. Doch wer erst einmal dort sitzt, fühlt sich auf wunderbare Weise weit weg, obwohl doch die Elbchaussee quasi hinter dem Rücken verläuft. Auch das Stück Spazierweg, das hinten um das kleine Hafenbecken herumführt und am Wasser endet, lädt dazu ein, etwas Ruhe zu finden. Die hier stehenden Bänke mit Elbblick hat man oft für sich. Wer sich indes auf den bekannteren Weg begibt, kommt an der Figur vorbei, die diesem Ort seinen Namen gab. An der Furt, wo heute die Elbchaussee den Bach Flottbek überquert, sind einst immer wieder Fuhrwerke durch Radbruch verunglückt. Man nahm an, dass es dort »mit dem Teufel zuginge«. Daraufhin wurde ein Zimmermann beauftragt, eine Brücke über den Bach zu bauen. Er soll dabei allerdings die Hilfe des Teufels in Anspruch genommen haben.

Teufelsbrück (mit guten Parkmöglichkeiten rund um den Jenischpark) ist auch ein schöner Startpunkt für Touren: In Richtung Westen geht es nach Blankenese, in Richtung Osten nach Övelgönne.

Café-Idylle und
KUNST IM JENISCHPARK

Eindrücke vielfältiger
Art im Flottbektal

Ralphs Kiosk war eine wahre Café-Idylle im schönen Jenischpark. Es trauerten viele, als bekannt wurde, dass er schließen musste. Doch in jedem Ende wohnt bekanntlich ein neuer Anfang. Inwischen hat der Hamburger Westen eines seiner beliebtesten Ausflugslokale sozusagen zurückbekommen. Nach mehr als anderthalb Jahren Pause eröffnete Falk Hocquél, Chef der Konditorei und Bäckerei Schmidt & Schmidtchen, das Café unter neuem Namen. So heißt Ralphs Kiosk nun »Schmidtchen im Park«.

Caspar Voght (1752–1839) sah das Besondere im Flottbektal. Der Kaufmann, Landwirt und Gartenkünstler erwarb die Ländereien und gestaltete sie nach dem Vorbild der Ornamented Farm »The Leasowes« des Dichters William Shenstone. Der Blick geht weit über sanft gewelltes Grün, unten glitzert die Elbe. Und mittendrin das klassizistische Jenisch-Haus mit Museum für Kunst und Kultur. Eingebettet in den schönsten Landschaftsgarten Hamburgs beherbergt dieser lichte Museumsbau eine bemerkenswerte Sammlung: zahlreiche Hauptwerke des expressionistischen Bildhauers, Zeichners und Schriftstellers Ernst Barlach (1870–1938), darunter nahezu ein Drittel seiner kostbaren Holzskulpturen. Außerdem gibt es stets wechselnde Sonderausstellungen und Kulturveranstaltungen.

GLÜCKSVERSTÄRKER

Unglaublich, was hier alles wächst ... Auf den Kräutertouren mit der »Beifußfrau« Daniela Wolff sieht man den Jenischpark einmal mit ganz anderen Augen.
www.beifussfrau.de

Baron-Voght-Str. 50a · S-Bahn Klein Flottbek · Tel. 0172/453 17 43 · tägl. 11–20 Uhr · www.imjenischpark.de
Barlach-Haus: Di–So (an Feiertagen auch Mo) 11–18 Uhr · www.barlach-haus.de

Kaffeegarten
SCHULDT

Sahnemäßiger Elbeblick hoch oben im Treppenviertel

Es zu finden, erwies sich schon für manche als Herausforderung, denn das Treppenviertel kann einen schon mal necken mit all seinen Stufen und verwinkelten Wegen. Noch dazu ist die wunderschöne, mit Weinreben bewachsene Terrasse des Kaffeegartens von unten stehend nicht zu erahnen. Doch wer sich an Wegweiser oder wirklich Ortskundige hält, wird ihn schnell entdecken. Eine besondere Tradition pflegt man hier immer noch: Gäste dürfen eigenes Kaffeepulver mitbringen und von Hand aufbrühen lassen, es kostet derzeit 1,50 Euro für drei Tassen. Diesen Brauch pflegte man schon vor mehr als 100 Jahren. Der Familienbetrieb besteht schon seit 1877, geblieben ist der grandiose Blick über die Elbe, den Gäste von hier oben genießen können. Dazu gibt es selbst gemachte Torten und Kuchen und süße Waffeln, und alle, die lieber etwas Herzhaftes möchten, kommen auch auf ihre Kosten.

Viele Wege führen zu Schuldts, hier nun ein Vorschlag für eine besonders schöne Rundtour: Man starte oben an der Blankeneser Bahnhofsstraße (Parkmöglichkeiten vorhanden) und folge dann der abwärtsführenden Blankeneser Hauptstraße, halte sich von dort aus rechts, um einen der schmalen Wege zu nehmen – zum Beispiel Op'n Kamp. Ein wenig spannend wird es nun, denn verschiedene Gassen und Treppchen führen im Auf und Ab des Viertels schließlich zu dem Kaffeegarten, früher oder später wird man die Wegweiser entdecken. Nach der wohlverdienten Stärkung dort geht es durch das Geflecht der Wege (mehr oder weniger geradeaus) dann hinab zum schönen Elbstrand, wo man links in den Strandweg abbiegt, um dann, noch mal links, wieder hinaufzusteigen und schließlich zurück zur Bahnhofsstraße zu finden.

Kaffeegarten Schuldt · Süllbergsterrasse 30 · 22587 Hamburg · Tel. 040/86 24 11 · www.kaffeegarten-schuldt.de

Blankeneser Gin

MIT MOTIVEN AUS HAMBURG

Das Seemannsgetränk,
liebevoll gestaltet

D ie Frau, deren Idee Genießer dies verdanken, heißt zwar wie das Gegenteil von Glück, aber das hat nichts weiter zu bedeuten. Sabina Pech arbeitete noch bei einer Reederei, als sie merkte, dass die Zeit reif war für eine Veränderung. Etwas Kreatives sollte es sein, und drei Jahre später konnte das Ergebnis sich wortwörtlich sehen lassen: »Fine Blankeneser Goods«, ein besonderer Gin. Für den eigenwilligen Geschmack kombiniert sie Ingwer, Koriander, Ceylon-Zimt, Kardamom, Wermutkraut, Mädesüß, Lavendel, Orangenschale und Angelika. Einen Partner für ihr Projekt fand Sabina Pech mit Fabian Rohrwasser, Inhaber der vielfach ausgezeichneten Brennerei Feingeisterei auf Gut Basthorst. Die Flaschen zieren selbst gemachte Labels mit Blankeneser oder Hamburger Motiven (Blankenese gehört zwar zu Hamburg, gefühlt aber doch nicht, da ist man sich hier einig). Mit dabei sind etwa die Elbphilharmonie, die Speicherstadt und die Blankeneser Schiffswracks. Genauso wie Rum war Gin das Getränk der Seefahrer, jedoch war es den höheren Rängen an Bord vorbehalten.

»Blankeneser Fine Goods« gibt es in ausgewählten Läden, die auf der Homepage zu finden sind: www.fineblankenesergoods.com

Kajüte S.B.12

BEIM LEUCHTTURM

Ein Gefühl fast wie am Meer

*E*s liegt vielleicht schon allein an diesem wunderbar wilden Strand, der vor den adretten Häusern des Treppenviertels verläuft: Man fühlt sich beinahe wie an der Nordsee. Obendrein gibt es einen Leuchtturm, der Wünsche erfüllen soll, wenn man direkt danebensteht. Schlichte Bierbänke im Sand, ein Schild, das auf »Fischbrötchen« aufmerksam macht, das war es auch schon. Und doch ist dies einer der schönsten Plätze für einen Snack oder Drink am Elbufer. Auch im Winter, wenn Heizstrahler die Außenplätze direkt an der Kajüte von oben wärmen und ein Glühwein von innen. Dann ist man hier auch gern mal unter sich und freut sich schon auf die Grünkohltage oder eine Martinsgans bei besonderen Events in der Weihnachtszeit, während die Elbe vielleicht mal wieder dicke Eisschollen an die Ufer schiebt. Wer trotzdem lieber drinnen sitzen möchte, findet in der Kajüte kuschelige Plätze. Viele sind es nicht, schließlich kam das kleine Lokal aus gutem Grund zu seinem maritimen Namen, also am besten vorher reservieren. Im Sommer hingegen verlängert sich die kleine Terrasse sozusagen noch bis weit in den Elbstrand hinaus.

Strandweg 79 · 22587 Hamburg ·
Tel. 040/86 64 86 40 ·
www.kajuetesb12.de

Sich im Blankeneser
TREPPENVIERTEL VERLIEREN

In Hamburg mal
auf dem Dorf sein, aber ganz vornehm

Man nehme eine der unzähligen Treppen und lasse sich entführen ... durch verborgene Gässchen und stille Winkel, vorbei an zauberhaften Gärtchen und gepflegten Fischerhäusern. Immer wieder tauchen schmucke Schautafeln auf, die über Besonderheiten und ihre Historie informieren. Und immer wieder entfaltet die Elbe ihr Prachtpanorama. Unangefochten der hübscheste Ort Hamburgs – wenn die Blankeneser ihn auch stolz als ihr »Dorf« bezeichnen und keineswegs als Vorort.

Blankenese gehört offiziell zu Hamburg, die Einheimischen aber sehen es anders. Zum Einkaufen geht man »mal ins Dorf«, weit weg ist die Hansestadt mit Hafen und Michel. Schließlich blickt man auf eine eigene Seefahrertradition zurück, von der das schönste Viertel weit und breit geblieben ist: das einst von Kapitänen und Fischern bewohnte Treppenviertel. Ein Spaziergang durch die steilen Gässchen dort, die etliche Stufen und Treppen in alle Richtungen verbinden, vorbei an liebevoll dekorierten Fassaden und mediterran anmutenden Gärten, ist etwas Besonderes. Da macht es auch nichts, wenn man sich verläuft (was ziemlich sicher passiert), zu spannend ist, was einen hinter der nächsten Ecke erwartet. Vielleicht ja der »Treppenkrämer« mit seinem winzigen Café oder der Kaffeegarten Schuldt mit herrlichem Blick auf die Elbe.

Unten am Wasser verführt Blankenese mit einem der schönsten Elbstrände Hamburgs, allenfalls getoppt vom Falkensteiner Ufer. Noch ungewiss ist, wie es mit dem Fischerhausmuseum weitergehen wird, das bis Frühjahr 2017 im Dreehus an der Elbterrasse untergebracht war, einem der ältesten Häuser des Viertels, das sanierungsbedürftig ist. Ein Mäzen hat eine Million Euro investiert, die Arbeiten an dem altehrwürdigen Reetdachhaus sollen ca. zwei Jahre dauern.

- -

www.treppenkraemer.de ·
www.kaffeegarten-schuldt.de ·
www.blankenese.de

Elbegut
TREIBHOLZUNIKATE

Wo Angeschwemmtes sich in freudigem Schaffen verwandelt

Wenn die Elbe mal wieder höhere Wellen schlägt und über die Ufer rollt, bringt sie Geschenke mit. Hölzer, Äste und Planken, fein geschliffen von den Kräften des Wassers. Manche tragen auch Spuren von Wind oder Feuer, jedes Stück schon für sich ein Unikat.

Danach hält Francisca Schmidt Ausschau bei ihren Spaziergängen an den Stränden von Blankenese oder Falkenstein, und bei jedem Fund schlägt ihr Herz höher. Wo dieses Holz wohl schon überall gewesen sein mag? Wo wächst der Baum, dessen Stück hier vor mir liegt? »Manches Stück Treibholz erzählt uns so viel, dass es roh und unbehandelt, wie es an den Strand gespült wurde, schon ein vollendetes Kunstwerk darstellt. Dann mache ich aus den Stücken gern Skulpturen«, sagt die gelernte Segelmacherin. Ihre Werkstatt im Hamburger Stadtteil Eimsbüttel führte sie einer neuen Bestimmung zu. In einem kleinen Hofladen mitten im Blankeneser Treppenviertel verkauft sie ihre Kunstwerke.

Bei jedem Fundstück überlegt Francisca Schmidt, was daraus Schönes werden könnte, probiert, konstruiert und verwandelt es schließlich in Lampen, Vasen, Spiegelrahmen, dekorative Objekte, Handyladestationen und viele andere Dinge. »Es macht mir viel Freude, mit den Materialien von Treibholz zu arbeiten.« Schnell wird spürbar, dass diese Freude wie ein unsichtbarer Werkstoff mit einfließt. Viele ihrer Objekte versenden Glücksbotschaften wie zum Beispiel »Lebe gut, lache oft, liebe immer«, »Viele gute Wünsche begleiten mich« vor dem Bild eines sich ergießenden Füllhorns oder auch einfach »Happy Day«. Der kleine Laden mit Kunsthandwerk versteckt sich etwas (wie sollte es hier auch anders sein) im Treppenviertel und ist ein schöner Zwischenstopp bei einem Spaziergang durch dasselbige.

Hans-Lange-Str. 7 · 22587 Hamburg ·
Tel. 0172/216 50 98 ·
Sa/So 1–17 Uhr oder
nach tel. Vereinbarung ·
www.elbegut.de

GLÜCKSVERSTÄRKER

Wer selbst die Freude kreativen Schaffens spüren möchte, kann bei Francisca Schmidt auch Treibholz kaufen: Planken, Bretter, Bohlen, Balken, Wurzeln oder Äste, um daraus zum Beispiel ein besonderes Möbelstück für die eigene Wohnung zu fertigen. Gern gibt die Kunsthandwerkerin auch den einen oder anderen Tipp für ein besonders schönes Ergebnis.

Markt
IN BLANKENESE
Dörfliches Miteinander

*I*ch gehe dann mal ins Dorf«, sagt man in Blankenese, obwohl dies doch eigentlich ein Stadtteil von Hamburg ist. Aber die Hansestadt scheint gar nicht zu existieren, wenn man um den gemütlichen Kirchplatz herumläuft oder durch die angrenzende Bahnhofstraße mit all den kleinen Läden. Kein Wunder also, dass man sich hier auch gern auf dem Wochenmarkt trifft, zum Klönen beim Imbissstand gleich vorn am Eingang. An den liebevoll bestückten Ständen gibt es Produkte von Familienbetrieben aus der Region. Der Käseonkel ist auch dabei, und sogar ein Stand mit Tierfutter fehlt nicht. Unter die norddeutschen Spezialitäten mischen sich auch solche aus zum Beispiel Frankreich oder Griechenland, aber alles ist authentisch und passt auch zum maritimen Flair des Treppenviertels.

GLÜCKSVERSTÄRKER

Es lohnt sich auch, einmal in den Geschäften zu stöbern, die sich in den Straßen rund um den Blankeneser Marktplatz verteilen. Zu entdecken sind besondere Mode – auch zu günstigen Preisen –, Schönes für die Wohnung oder kulinarische Feste und noch vieles andere mehr. Und das geht natürlich auch an Tagen ohne Marktstände auf dem Platz.

Sauna
SIMROCKSTRASSE

Verwöhnt werden in familiärem Ambiente

Sicher, Saunalandschaften gibt es viele in Hamburg, und jede ist auf ihre Art besonders. Das kleine Schwimmbad aber mitten in der schmalen und gut zugeparkten Simrockstraße – wer hier durchfährt, ist bereit, auch mal auf seine Vorfahrt zu verzichten, alle anderen verursachen »Nichts-geht-mehr-Situationen« – dieses Schwimmbad versteckt sich etwas und ist doch auf seine Weise ganz groß. Liebevoll werden Aufgüsse mit guten Düften zelebriert und zwischendurch auch gern mal spontan Bonbons, Obstschnittchen oder Gratiskaffee gereicht. Alle, die mit Sauna ein zölibatäres Schweigen verbinden, wundern sich womöglich etwas, denn es kann schon sein, dass hier in der Saunakabine auch mal etwas Kneipenstimmung aufkommt. Viele Stammgäste kennen und möchten es auch gar nicht anders.

Besonders gut tut Sauna bekanntlich nach Sport oder einem ausgedehnten Spaziergang. Zum Walken oder Joggen gibt es ganz in der Nähe auch besonders schöne Möglichkeiten. So lädt nahe der Simrockstraße der herrliche Hirschpark zum Walken oder Joggen ein, immer wieder eröffnen sich dabei Panoramablicke auf den Fluß. Die Tour lässt sich verlängern bis hinunter zur Elbe, der man wiederum wahlweise Richtung Osten oder Westen noch für viele Kilometer folgen kann. Wer Rundtouren bevorzugt, nimmt zum Beispiel einen der Wege durch den benachbarten Baurs Park, um zurückzugelangen. Dort versteckt sich auch der zweite Leuchtturm von Blankenese, das Oberfeuer, während es sich bei dem Turm unten an der »Kajüte« um das Unterfeuer handelt. Außerdem bietet der Baurs Park eine Terrasse mit besonders schöner Aussicht. Und wenn der Wiesenhang im Winter mit Schnee bedeckt ist, wird hier gern gerodelt.

Simrockstr. 45, 22589 Hamburg ·
Tel. 040/18 88 90 ·
www.baederland.de

Sonnenuntergang
AUF DEM PONTON OP'N BULLN

Lachsfrikadellen und
ein Glas Rosé

Die schwimmende Plattform am Blankeneser Strandweg versetzt einen umgehend in einen Kurzurlaub. Sonnenuntergänge wie am Meer, schmucke Segelboote und Lachsfrikadellen bei einem Glas Rosé: Das gibt es in dem winzigen Lokal auf dem »Ponton op'n Bulln« mit einigen Plätzen im gemütlichen Innenraum und vielen weiteren auf der Terrasse. Sein Name stammt von einer Schute, die ab 1842 als Fähranleger diente und den Namen »Bulln« trug.

Wenn größere Schiffe den heutigen Ponton passieren, fängt er an zu schaukeln und man fühlt sich beinahe wie bei einer Bootstour. Alle, die davon noch mehr haben möchten, nehmen die hier anlegende Elbfähre nach Cranz. Von dort lässt sich auch ein schöner Ausflug ins »Alte Land« mit seinen Obstplantagen unternehmen.

S 1/S 11 Blankenese, von dort zu Fuß oder mit Bus 488 (»Bergziege«) bis Blankenese, Fähre

Römischer Garten
UND FALKENSTEINER UFER

Verborgene, idyllische Winkel

Nach dem Treppenviertel ist die Welt noch längst nicht zu Ende. Dort, wo in Blankenese die Häuser stadtauswärts aufhören, den Berg hinunterzuwachsen, beginnt eine grüne Welt für Abenteurer. Mit Fantasie zumindest kann man sich hier durchaus wie fernab der Zivilisation fühlen, etwa den schluchtartigen Wegen des Falkensteiner Ufers folgen und an ungewissen Stellen wieder herauskommen. Noch vorher aber liegt im Elbhang verborgen ein Platz, der in dem Kinderroman *Momo* vorgekommen sein könnte. Ein Amphitheater, auf dessen Rängen unsichtbare Zuschauer sitzen könnten. Oberhalb davon setzt sich der Römische Garten mit seinen kunstvoll gestutzten Hecken fort. Was früher zu einem herrschaftlichen Anwesen gehörte, steht heute Besuchern offen. Es ist fast noch ein Geheimtipp für ruhige Momente nahe den trubeligeren Elbstränden.

Ab dem hinteren Ende des Römischen Gartens führt ein Weg durch weitere Teile der Wald- und Parklandschaft am Elbhang. Dort ist unter anderem auch der Bismarckstein zu entdecken. Er befindet sich auf einem Plateau mit herrlichem Elbblick. Die Anlage am Fuß des Wasebergs ist dem Kaufmann Julius Richter zu verdanken, Mitbegründer der Holsten-Brauerei. Er erwarb das Gelände im Jahre 1890.

Kösterbergstr. 40e · 22587 Hamburg

Der Biergarten
IM ELBECAMP

Natur pur direkt
am Elbstrand beim Campen

Wie gern möchte man am Flussufer sein Zelt aufschlagen, doch oft ist es nicht erlaubt. Bei der Parzellenstruktur vieler Campingplätze wiederum fehlt die wahre Nähe zur Natur und zu anderen Menschen. So war es lange auch am Falkensteiner Ufer, bis Garip Yavuz kam. Er übernahm das ElbeCamp, ließ »Lkw-Ladungen von Waschbetonplatten« wegräumen und bunte Schilder aufstellen, richtete auf Sandboden einen Kinderspielplatz und Mitmachzirkus ein. Vergessen sind die befestigten Wege, nun fühlt es sich an, als würde man direkt am Strand schlafen. Trotzdem ist alles da, was man so braucht: neue sanitäre Einrichtungen, ein Grill-Biergarten, Fahrräder und Feuertonnen.

Vor dem ElbeCamp breitet sich der Strand von Wittenbergen aus, für viele der allerschönste Elbstrand. Ihm in westlicher Richtung folgend, gelangt man durch dann grüne Wege bis nach Wedel. Genauso auch auf Wegen hinter dem Campingplatz, die dort durch die schattige Waldlandschaft führen. Es ist ein schöner Ausflug, denn in Wedel befinden sich das Willkomm Höft mit der Schiffsbegrüßungsanlage und ein weiterer Strand mit dem besonders schönen Beachclub »28 Grad«. Wer dann noch weiterläuft, gelangt zu Deichen und kann durch Schafherden hindurch immer weiterwandern, bis irgendwann die Großstadt allenfalls eine Ahnung ist. Es lohnt sich dort etwa ein Spaziergang durch das Naturschutzgebiet der Haseldorfer Binnenelbe mit besonders gut erhaltenen Marschenlandschaften und einer artenreichen Flora und Fauna. Mehr darüber erfährt man vor Ort im Elbmarschenhaus mit einer Ausstellung im Innen- und Außenbereich.

ElbeCamp · Falkensteiner Ufer 101 · 22587 Hamburg · Tel. 040/81 29 49 · www.elbecamp.de

Café Lükus

♥lich
willkommen
Café
Lükus

Im Naturschutzgebiet
SCHNAAKENMOOR

Hier kann man getrost die Welt mal vergessen

Das Schnaakenmoor, das als Naturschutzgebiet auch noch die Fläche des Groten Moors und die Spitzdorfer Moorflagen umfasst, liegt mitten im schönen Hamburger Forstrevier Klövensteen, und das ist im Westen der Hansestadt ein beliebtes Ziel für Ausflügler von Altona bis Wedel.

Ursprünglich gehört der Wald dort aber gar nicht hin. Er stammt aus Aufforstungen im 19. Jahrhundert, einem der landschaftsverändernden menschlichen Eingriffe, die – wie die Geschichte zeigt – ihre Anfänge bereits im Mittelalter haben. Bis dahin war das Naturschutzgebiet Teil einer einzigartigen Landschaft aus einem über 100 Kilometer langen gigantischen Binnendünenzug mit kleinflächig eingestreuten Mooren, die nördlich der Elbe von Geesthacht über Blankenese, die Haseldorfer Marsch und Bielenberg bis zum heutigen Nord-Ostsee-Kanal reichte.

Ein Netz aus Wanderwegen geleitet durch das Schnaakenmor sowie den umgebenden Forst Klövensteen (Wanderkarte erhältlich). Darunter findet sich auch ein Weg, der nur zu einer bestimmten Zeit im Jahr mitten durch das Moor führt. Auf anderen Wegen geht es durch herrliche Wald- und Wiesenlandschaften.

Zum Klövensteen gehören auch ein Wildpark mit einem kleinen Ausflugslokal direkt nebenan sowie die »Pony Waldschänke«, in der man sich eines der Pferdchen für einen Spaziergang ausleihen kann (an der Leine geführt und nur für Kinder). Ganz in der Nähe befindet sich ein Waldspielplatz. Dies ist also ein besonders schönes Ausflugsziele auch für Familien.

Schnaakenmoor 32 · 22559 Hamburg · www.hamburg.de

POPPEN-
BÜTTEL

Alster

SASE

Alstertal-Museum

WELLINGSBÜTTEL

HAMBURG

BRAMFELD   BERNE

STEILS-
HOOP   FARMSEN

OSDORF   KL!CK Kindermuseum

BARMBEK
EIMSBÜTTEL   TO

FLOTTBEK   HARVESTEHUDE   JEN

NIEN-   WANDSBEKRIENTHAL
STEDTEN   OTHMAR-   ALTONA
SCHEN   ST. PAULI   ST. GEORG   HORN
Einblicke in   OTTEN-
verträumten   SEN   Mit dem Rad durch   BILLWERDER-
Winkeln   den alten Elbtunnel   AUSSCHLAG   BILLST

STEIN-
WALTERS-   WERDER   KL.-GRASBROOK
FINKEN-   HOF   Hafen-   Entenwerder 1
WERDER   museum

Neuen-   BallinStadt   BILL-
felde   Café   Auswanderermuseum   VEDDEL   BROOK

Alte Süderelbe   Knusperkeks   GEORGS-
Im Apfelblütenland   ALTEN-   WERDER
WERDER   WILHELMS-   MOORFLEET

Altes Land   Hohen-   BURG   TATEN-
wisch   48 h Wilhelmsburg   BERG   ALLER-
Neu-   Neuwie-   MÖHE
graben   denthal   MOORBURG   KIRCH-   MOOR- SPADEN-   Paddeln an
DORF   WERDER LAND   der Dove-Elbe
Neu   Ochsen-
Wulmstorf Fischbek   Haus-   HEIMFELD   werder   Mars
bruch   NEU-
Fischbeker   Hamburgs   LAND
Wulms- Heide höchster   EISSEN-   HARBURG
torf   Gipfel   DORF   WIL-   Bullen-   Warw
Naturpark   STORF   hausen
Harburger   Berge   HARBURG
Berge   MARMS-   RÖNNE-
Vahren- TORF   BURG
Schwieders-   dorf   SINSTORF
torf   Glüsingen   Meckelfeld   Elb
Lever-   Beckedf.   Hörsten
N   sen   Töten-   Fleestedt   Fliegenb
sen
Rosengarten   Metzen-   Maschen
dorf

0   5 km

Regionalpark   Kunststätte
Rosengarten   Bossard

Südlich der Elbe

Hier weiß Hamburg wohl am meisten zu überraschen, denn viele vergessen die südlich der Elbe liegenden Stadtteile gern einmal. Dabei ist zum Beispiel in Wilhelmsburg jede Menge Kultur geboten und der Hafen zeigt sich aus einmal ganz anderen Perspektiven. Traditionsreiche Regionen wie das Alte Land sorgen für reichlich idyllische Winkel. Und schon der Weg ist hier das Ziel, denn der Süden der Hansestadt ist besonders schön mit der Fähre oder dem Fahrrad zu erreichen.

Paddeln auf der
DOVE- UND GOSE-ELBE

Rundfahrt zwischen Seerosen, Schilfgürteln und Blattwerk

Wo der Wasserlauf fast so schmal wird wie ein Bach, dürfen sich Paddler außerhalb der Vogelbrutzeit noch weiter wagen. Zwischen Seerosen, Schilfgürteln und dichtem Blattwerk geht es den Neuengammer Durchstich entlang. Der 2,6 Kilometer lange Kanal verbindet die beiden Altarme der Elbe miteinander: die Gose-Elbe und die Dove-Elbe.

Für Kanuten und SUP-Fans ist es eine wunderschöne Rundfahrt, die unter anderem auch durch die Reitschleuse führt. Dort, wo sich der Fluss zu seenartigen Buchten verbreitert, lockt der Wasserpark Dove-Elbe mit Stegen für Sonnenanbeter. In Richtung Curslack schlängelt sich der immer schmaler werdende Fluss durch Wiesen und Felder. Am Rande trinkende Kühe gucken ungläubig, ein Fischadler zieht seine Kreise. Man erahnt Kröten und Molche im Ufersaum. Es grüßen auch Pferde und etliche Vögel sowie Vierländer Bauernhäuser, eine Windmühle und kunterbunte Hausboote. Und der die Region prägende Gemüseanbau ist zu erahnen.

Mit dem Boot dem Lauf der Dove-Elbe zu folgen, ist wie ein Kurzurlaub fernab der Stadt. Der 18 Kilometer lange Nebenarm wurde im Mittelalter durch Deiche von der Norderelbe getrennt, so wurde er zum »tauben« (niederdeutsch: doven) Gewässer. Die Bauern der Vier- und Marschlande (S. 88) nutzten ihn, um ihr Gemüse zu den Hamburger Märkten zu bringen. Heute können ihm in behutsamem Tempo auf einigen Abschnitten auch Motorboote folgen. Die Stille der Gose-Elbe indes ist Paddlern vorbehalten. Ihr Name bedeutet so viel wie »trocken, flach«.

----

paddel-meier Bootsvermietung · Heinrich-Osterath-Str. 256 · 21037 Hamburg-Kirchwerder · Tel. 040/737 22 70 · info@paddel-meier.de · Öffnungszeiten: 27./28. Apr. 12–18 Uhr, 1. Mai–30. Sept. 10–18 Uhr, andere Zeiten nur nach Vereinbarung · Motorboote: www.bootszentrum-hamburg.de

Entenwerder 1
AUF DEM PONTON

Schwelgen vor der Kulisse
der stilleren Hafenbereiche

*E*in farbenfroh erblühender Wagen weist an der Norderelbe den Weg über eine Brücke. Wer ihm folgt, gelangt zu einem schwimmenden Café. Auf dem Ponton vor der Kulisse der stilleren Hamburger Hafenbereiche genießt man ein leckeres Frühstück, Kaffee und Kuchen oder etwas Deftiges in der Abendsonne. Es gibt auch hausgemachte Limonade, und die Kaffeebohnen stammen aus einer nahe gelegenen Rösterei.

Auch sonst ist die Elbinsel, nach der das Entenwerder 1 benannt ist, ein wunderbares Ausflugsziel. In der Grünanlage rauchen mitgebrachte Grills, Picknickdecken werden ausgebreitet und an manchen Tagen steigt abends eine Open-Air-Party.

Entenwerder 1 · 20539 Hamburg · tägl. 11–18 Uhr

GLÜCKSVERSTÄRKER

Auf der Elbinsel Kaltehofe zwischen Norderelbe und Billwerder Bucht befinden sich die historischen Speicherbecken einer Wasser-Filtrationsanlage aus dem 19. Jahrhundert. Heute sind sie ein Museum, wo man durch zwei Jahrhunderte Geschichte der Hamburger Brunnen und Wasserspiele spazieren kann.

www.wasserkunst-hamburg.de

Zollenspieker
UND STOVER STRAND

Mit Kuddels Erbe
von Kirchwerder nach Hoopte

Kuddel« Karl Heinz Büchel steuerte sie, bis ihn das Zeitliche segnete. Jahrzehntelang ist er rund 70-mal täglich schräg über die Elbe gefahren: Mit der Hoopter Möwe 2 brachte er Spaziergänger, Radfahrer und Autos von Hamburg-Kirchwerder nach Hoopte in Niedersachsen. Einmal waren sogar gepanzerte Limousinen an Bord, und Helmut und Loki Schmidt stiegen aus. Loki suchte die seltene Schachbrettblume, die in den Elbmarschen blühen sollte, erfuhr Kuddel, den viele bis heute vermissen. Seine Erlebnisreederei samt Fähre und Imbissen aber lebt weiter und hat schon vielen Besuchern besondere Momente beschert.

So entdeckt man am niedersächsischen Ufer auch die Campingplätze von Stove. Hier am Elbstrand ist es so schön, dass die Großstadt schnell vergessen ist. Beim Fünf-Sterne-Platz Stover Strand gibt es auch Stell- und Zeltareale direkt am Flussufer. Im Hausboot-Restaurant Unsinkbar werden Cocktails und exklusive Speisen serviert. Wer direkt von dort nach Hamburg möchte, kann einen Shuttle-Service nutzen.

Kirchwerder und Stove liegen unmittelbar am hier an beiden Flussufern verlaufenden Elbe-Radweg. So bietet sich insbesondere der Campingplatz als Etappenziel an, und man kann von hier aus auch wunderbar zu Touren starten. Während es in südlicher Richtung nach Hamburg und weiter zur Nordsee geht, führt der beliebteste Fernradwanderweg in Richtung Süden zu völlig anderen Eindrücken – unter anderem durch kleinere Hansestädte wie Tangermünde mit seiner Festung und durch das Biosphärenreservat Flusslandschaft Elbe. Sogar dem Elbe-Biber kann man hier begegnen. Wer Energie und Zeit hat, radelt durch Städte wie Magdeburg, Meißen und Dresden immer weiter bis zur Grenze nach Tschechien. Dabei geht es auch durch die liebliche Landschaft der Sächsischen Weinstraße.

www.faehre-zollenspieker.de ·
www.camping-stover-strand.de

Durch den Tunnel
UND ÜBER DIE INSEL

Auf der Hafenerlebnisroute
Wilhelmsburg erkunden

Mit altehrwürdigen Aufzügen geht es an den lebhaften St. Pauli Landungsbrücken hinab in eine kühle, stille Parallelwelt. Scheinbar endlos mutet die einem Kunstwerk gleichende Röhre an, und dennoch verlockt sie zum Hineinfahren. Es sind ja immerhin auch 426,5 Meter, denen Radfahrer hier unterirdisch folgen können.

Wer auf der anderen Seite wieder ans Tageslicht gelangt, dem eröffnet

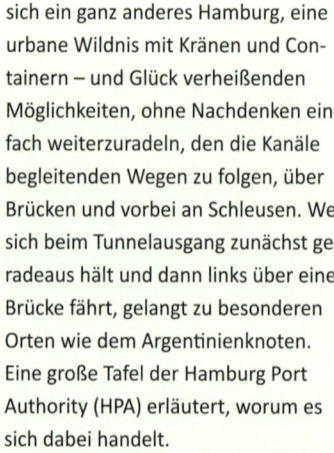

sich ein ganz anderes Hamburg, eine urbane Wildnis mit Kränen und Containern – und Glück verheißenden Möglichkeiten, ohne Nachdenken einfach weiterzuradeln, den die Kanäle begleitenden Wegen zu folgen, über Brücken und vorbei an Schleusen. Wer sich beim Tunnelausgang zunächst geradeaus hält und dann links über eine Brücke fährt, gelangt zu besonderen Orten wie dem Argentinienknoten. Eine große Tafel der Hamburg Port Authority (HPA) erläutert, worum es sich dabei handelt.

Es ist eine Station der Hafenerlebnisroute, die einmal über Europas größte Flussinsel führt, vorbei an Aussichtspunkten, Wasserbauwerken und anderen Sehenswürdigkeiten. Dazu gehören auch das Hafenmuseum, das Auswanderermuseum BallinStadt und das Museum Elbinsel Wilhelmsburg.

Alter Elbtunnel · bei den St. Pauli Landungsbrücken · 20359 Hamburg · für Radfahrer und Fußgänger rund um die Uhr geöffnet, für Autos zu bestimmten Zeiten · www.hamburg.de

Café Knusperkeks
IN WILHELMSBURG

Gelebte Leidenschaft
nahe beim Veddeler Deich

Vier verschiedene Kekssorten, alle hausgemacht, genau wie die Kuchen und Torten. Hier spürt man so-

fort, der Name des kleinen Eckcafés in der Veringstraße steht für gelebte Leidenschaft. Auch das »Frühstück zum Ankreuzen« sorgt dafür, dass dieses Café inzwischen mehr ist als nur ein Treff für Wilhelmsburger. Die ausgewählten Leckereien kommen in einem Schüsselchen auf einem Holzbrett. Außerdem gibt es frisch gepressten Orangensaft und vieles andere mehr. Und das alles gibt's auch »to go« – für jene, die es sich zum Beispiel auf dem Deich mit Hafenblick gemütlich machen möchten.

GLÜCKSVERSTÄRKER

Der Blick vom Veddeler Deich über den Spreehafen und den Veddelkanal bis zur Hamburger Hafencity ist einmalig. Sogar die Elphi zeigt sich hier mal aus ganz anderer Perspektive. Nur ca. einen Kilometer geht man vom Café Knusperkeks bis zu diesem Deich, auf dem es sich wunderbar ausspannen lässt. Auch schön für einen Spaziergang zum Auswanderermuseum BallinStadt.

Veringstr. 30 · 1107 Hamburg · Di–So 8–18 Uhr

48h
WILHELMSBURG

Hausgemachte Musik
von der Elbinsel

Das ebenfalls in Wilhelmsburg in jedem Jahr zelebrierte »MS Dockville Festival« kennen viele. Noch fast ein Geheimtipp dagegen ist »48h Wilhelmsburg«. Das steht für ein ganzes Wochenende mit Musikern von der Elbinsel, an dem es an vielen Orten kleine Konzerte und anderes auf die Ohren gibt. Mal neben einer Schleuse, mal im Hinterhof, dann wieder in einem Kiosk, auf einem Anleger, im Park und noch an vielen anderen Plätzen auf Europas größter Flussinsel. Die Poliklinik auf der Veddel etwa, die Gemeinschaftsterrasse des Watertowers im Inselpark oder die Schulkindbetreuung im Bahnhofsviertel. Oft gleicht die Stimmung eher der einer privaten Geburtstagsparty, und man darf beim Weiterziehen schon gespannt sein, was einen hinter der nächsten Ecke erwartet.

Hinter alldem steht MVDE »Musik von den Elbinseln«, ein lebendiges Netzwerk aus Profis und Hobbymusiker*innen, Schulen und außerschulischen Institutionen, Veranstaltungsorten, musikwirtschaftlichen Anbietern und vielen anderen Musikinteressierten aus Wilhelmsburg und von der Veddel. Mehr als 100 Musikakteure der Elbinseln sind es bisher und nach jeder Veranstaltung kommen neue hinzu. Gemeinsam entwickelt man Musikprojekte für den Stadtteil, darunter neben großen Projekten wie 48h Wilhelmsburg auch kontinuierliche Konzertreihen, Jamsessions oder Workshops. So werden seit 2008 rund 20 000 Besucher und Teilnehmer der unterschiedlichsten kulturellen Herkünfte und Altersstufen erreicht.

Es begann damals im Bürgerhaus Wilhelmsburg, als die Idee von 48h Wilhelmsburg aufkam und realisiert wurde. Alle sind herzlich dazu eingeladen, daran teilzuhaben und Orte der großen Elbinsel zu entdecken, die sonst oft übersehen werden, die hier lebenden Menschen, ihre Musik und ihre Geschichten kennenzulernen.

Jedes Jahr im Juni ·
Termine und Programm:
www.musikvondenelbinseln.de/48h

fritz-kola
fritz-kola
fritz-kola
fritz-kola
fritz-kola

fritz-kola

Auf Europas GRÖSSTER FLUSSINSEL

Ein auflebender Stadtteil voller Kultur

Wilhelmsburg ist ein zentrales Stück Hamburg, ja, sogar der flächenmäßig größte Stadtteil mit ganzen 35,3 Quadratkilometern. Und doch ist er eine Welt für sich. Man wird förmlich aufgesogen von dem sich verwandelnden Quartier mit Kunst- und Kulturprojekten, einer auflebenden Szene, netten Kneipen, Cafés, Restaurants und Party-Locations.

Bei alljährlichen Events wie dem »MS Dockville Festival« wird die ganze Elbinsel zu einem wunderbaren Fest. Auch ein paar besondere Museen sind zu entdecken, alle miteinander verbunden durch die Linienfähre Maritime Circle Line. Und im Kulturzentrum Honigfabrik ist jede Menge los. Rund 55 000 Einwohner leben hier südlich der Norderelbe, ein Miteinander, wie man es nur selten findet.

Besonders bekannt ist Wilhelmsburg für seinen Inselpark – das Erbe der Internationalen Gartenschau (IGA), die 2013 in Hamburg stattfand. Der Park wurde komplett neu gestaltet und hat sich zu einer grünen Oase entwickelt, die Bewohner Hamburgs genauso anzieht wie Besucher.

- -

www.hafenmuseum-hamburg.de ·
www.ballinstadt.de ·
www.museum-wilhelmsburg.de ·
www.msdockville.de ·
https://jim.honigfabrik.de

Im Rüschpark und GORCH-FOCK-PARK

Elbblicke aus verträumten Winkeln auf Finkenwerder

Aus dem Grün des Rüschparks schweift der Blick auf das nördliche Elbufer. Nur wenige Spaziergänger finden den Weg zu diesen idyllischen Plätzen am Wasser. Von einem Aussichtspunkt sind die riesigen Containerschiffe kurz vor ihrem Ziel beim Einlaufen in den Hamburger Hafen zu beobachten. Ähnlich grandios ist der Blick vom Finkenwerder Freibad aus: Hier können Schwimmer einen Blick auf die Elbe und die »großen Pötte« genießen. Es befindet sich auf der gegenüberliegenden Seite des Steendiekkanals im Gorch-Fock-Park.

Den Anblick der historischen Backsteinbauten kennen hingegen viele, vor allem das Lotsenhaus Seemannshöft aus dem Jahr 1914. Es steht an der Spitze einer schmalen Landzunge. Der Signal- und Beobachtungsturm mit der riesigen Uhr markiert die Einfahrt des Hamburger Hafens. Hier sind die Hafenlotsen, der Schiffsmeldedienst, die Arbeitsgemeinschaft Hamburger Schiffsbefestiger und die nautische Zentrale des Hafens untergebracht.

Andere wiederum sehen auf Finkenwerder vor allem das Airbus-Werk. Mit rund 16 000 Beschäftigten ist es Hamburgs größter Arbeitgeber. Wer einmal dabei sein möchte, wenn Großraumflugzeuge zusammengebaut werden, kann das Gelände bei geführten Touren besichtigen. Von außen kann man einen Blick auf das Vorfeld, die Start- und Landebahn sowie den Roll- und Schleppverkehr des Sonderflughafens werfen: Auf dem Neßdeich befindet sich eine Besucherplattform.

GLÜCKSVERSTÄRKER

Die Halbinsel ist bekannt für die köstliche »Finkenwerder Scholle« mit Speck, Zwiebeln und Nordseekrabben. Ein wahres Gedicht, das hier in einschlägigen Lokalen serviert wird.

Rüschpark auf Finkenwerder · 21129 Hamburg · zu erreichen mit der Hafenfähre (Linie 62, 64) ab Teufelsbrück · www.finkenwerder.de · www.werksfuehrung.de · Freibad Finkenwerder: Finksweg 82

Das Apfelblütenland
OBST UND NOCH MEHR

Auf Deichen durch ein wahrhaftes Märchen

Diese Gegend wirkt im Frühjahr so, als wäre sie Schauplatz einer Astrid-Lindgren-Geschichte: Das Apfelblütenland, so könnte man sie auch nennen. Ein helles, schier endloses Blütenmeer sorgt für einmalige Fotomotive. Zum Herbst dann, wenn die prallroten Äpfel und andere Früchte reif sind, ist der Anblick ein ganz anderer. Aber auch zu diesen Jahreszeiten lohnt sich ein Ausflug nach Cranz, in den westlichsten Stadtteil Hamburgs, oder noch etwas weiter Richtung Stade.

Bis hierher erstreckt sich die Kulturlandschaft des Alten Landes, die südlich von Finkenwerder beginnt. Mit einer Fläche von rund 170 Quadratkilometern zählt sie zu den größten Obstanbaugebieten Europas. Angebaut werden vor allem Äpfel, anteilig sind es mehr als 70 Prozent, aber auch Birnen, Kirschen, Pflaumen und anderes Obst. Wenn gerade keine Blüten oder Früchte an den Stauden hängen, gefällt es mit seinen gemütlichen Dörfern an den mit Schafen bestückten Deichen und besonders hübschem Fachwerk, Windmühlen und Leucht-

türmen. Maritimes vereint sich mit bäuerlicher Szenerie, auch das macht diesen Landstrich so besonders.

Und immer wieder sind besondere Museen oder Ausstellungen zu entdecken, in denen man reichlich über die Region erfährt, etwa das »Haus der Maritimen Landschaft Unterelbe« in Grünendeich.

Obsthöfe bieten Direktverkauf und Führungen an, in Restaurants serviert man Altländer Spezialitäten wie die »Apfelpfanne«. Bereits seit 1316 ist der hiesige Obstbau urkundlich nachgewiesen. Allein die Elbschifffahrt machte den Transport der Früchte und ihre Vermarktung möglich, denn lange mangelte es an festen Wegen. Das Alte Land erstreckt sich im Südwesten Hamburgs. Es umfasst außer Cranz auch die Stadtteile Neuenfelde und Francop sowie die Gemeinde Jork, die Samtgemeinde Lühe und den Neu Wulmstorfer Ortsteil Rübke in Niedersachsen.

- -

Tourismusverein Altes Land e. V. ·
www.tourismus-altesland.de

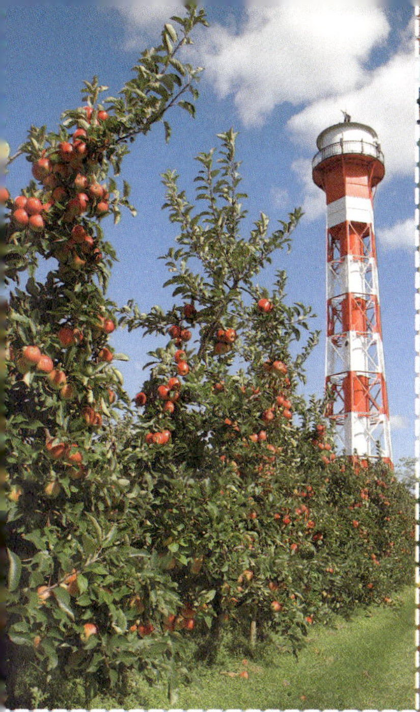

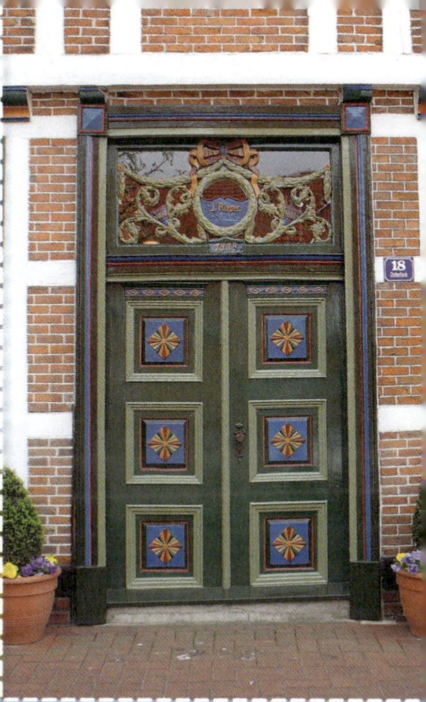
18

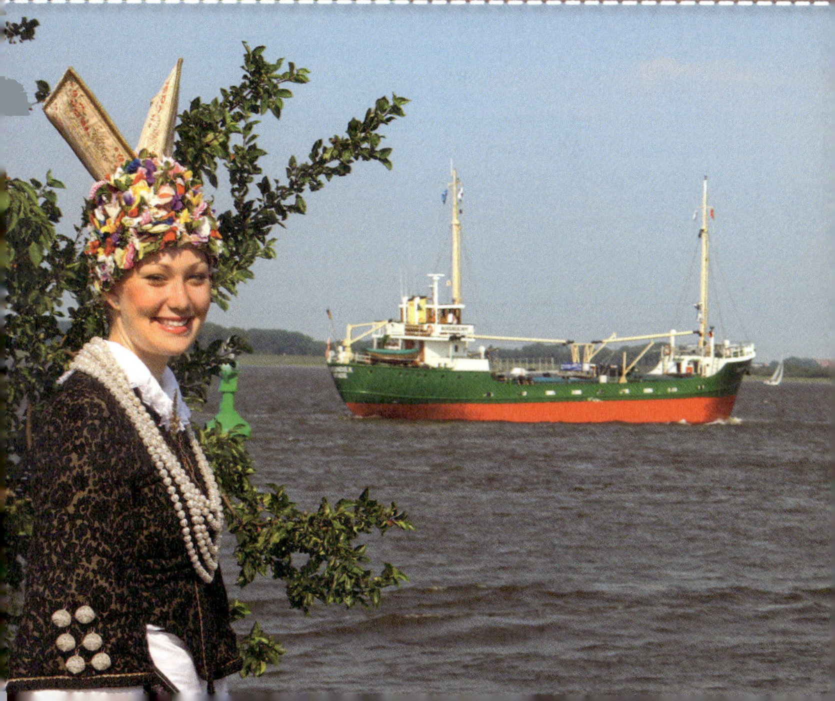

Wo Hamburg
AM HÖCHSTEN IST

Norddeutsches Gipfelglück in der Fischbeker Heide

Er befindet sich an einem der südlichsten Zipfel Hamburgs: ein 116,2 Meter hoher Berg, der Hasselbrack. Sogar ein Gipfelbuch ist dort zu finden, in das man sich nach dem anspruchsvollen Aufstieg glückselig eintragen kann. Es liegt in einer auch von Geocachern genutzten Blechkiste. Das Gipfelkreuz wurde inzwischen durch einen großen Stein ersetzt. Er markiert die maximale natürliche Erhebung der Hansestadt. Hier steht man bereits in den Harburger Bergen, die weiter südlich noch höher werden (ca. 155 Meter).

GLÜCKSVERSTÄRKER

Und wer noch mehr Heide möchte, findet in südlicher Richtung noch viele weitere schöne Möglichkeiten vor. Schließlich ist man hier schon fast am nördlichen Rand jener Region, die bis weit über die Landesgrenzen hinaus als »Lüneburger Heide« bekannt ist. Besonders schön ist es dort zur Blütezeit der Heide im August.

Und genauso im Naturschutzgebiet Fischbeker Heide: Einige Kilometer weiter nördlich erstrecken sich weite Heideflächen, knorrige Krattwälder, Sandhügel und Trockenrasen. Zur Heideblüte im Spätsommer färbt sich die Szenerie violett. Die acht Kilometer lange Rundwanderroute (W 6) ist mit gelbem Pfeil auf blauem Kreis markiert. Ihren Startpunkt bildet ein umgebauter Schafstall im Fischbeker Heideweg. Hier zog ein von der Loki-Schmidt-Stiftung betreutes Naturschutz-Informationshaus ein. Die Schafe blöken hier tatsächlich, und eine Schnuckenherde zieht täglich los, um an der Besen- oder Rosmarinheide zu knuspern. Wer in Richtung Hasselbrack spaziert, geht bis in die Jungsteinzeit: Ein archäologischer Wanderpfad führt zu elf rekonstruierten Großstein- und Hügelgräbern aus verschiedenen Epochen.

Infohaus Fischbeker Heide · Fischbeker Heideweg 43a · 21149 Hamburg · Tel. 040/702 66 18 · www.loki-schmidt-stiftung.de

Ein Rosengarten
VOLL HEIDE UND MOOR

Vielfältige Panoramen
und Natureindrücke

Unmittelbar südlich von Hamburg bilden die Harburger Berge, die Schwarzen Berge und das Estetal einen wahren Reigen an Panoramen und Natureindrücken. Sie alle gehören zum Regionalpark Rosengarten, geprägt von Heide, Mooren und Ackerlandschaften. Auch durch ausgedehnte Buchenwälder lässt es sich hier wandern. Dabei ist Sehenswertes zu entdecken wie etwa »Dat ole Fösterhuus«, der Karlstein, das Mühlenmuseum in Moisburg, das Hünengrab Kleckerwald, der Burgwall Hollenstedt und noch vieles mehr.

Familien, aber auch andere Besucher erfreuen sich vor allem am Wildpark Schwarze Berge mit seinen mehr als 1 000 Tieren, kostenlosen Flugschauen und Schaufütterungen. Highlights sind auch das Freilichtmuseum und das Agrarium am Kiekeberg. In den Sommermonaten können alle den kostenfreien Regionalpark-Shuttle nutzen. Der Bus fährt an den Wochenenden und Feiertagen und nimmt auch Fahrräder mit. So kommt man vom Bahnhof in Buchholz oder von den S-Bahn-Stationen Neugraben, Neuwiedenthal oder Neu Wulmsdorf auch ohne eigenes Auto in entlegenere Winkel des Naherholungsgebietes.

- -

www.regionalpark-rosengarten.de

Kunststätte Bossard
EINE VERBORGENE PERLE

Im Einklang von Leben und Kunst mitten im Wald

Auch wenn es sich nicht mehr ganz in Hamburg befindet, sondern in der nördlichen Lüneburger Heide, muss dieser für kulturelle Glücksmomente wie geschaffene Ort unbedingt erwähnt werden – zumal er sich für einen Ausflug ab der Hansestadt besonders anbietet und zum

Beispiel auch mit Touren durch die Fischbeker Heide oder den Rosengarten verbinden lässt.

Es ist ein Tempel des Expressionismus. Verborgen im Wald, hat das Künstlerehepaar Johann Michael (1874–1950) und Jutta Bossard-Krull (1903–1996) seinen Traum von der Einheit von Leben und Kunst verwirklicht. So entstand ein Gesamtkunstwerk aus Architektur, Bildhauerei, Malerei, Kunstgewerbe und Gartenkunst. Noch wird es viel zu wenig beachtet. Michael Bossard aber wusste: »Die Meinen werden mich schon finden.« So ist das Ensemble zumindest in Kenner- und Liebhaberkreisen längst bekannt. Aus der Luftperspektive zeigt sich die Kunststätte als großes, tannengrünes Omega. Wer hinfährt, kann es durchschreiten und findet auf diese Weise Zugang zu diesem besonderen Ort.

- -

Stiftung Kunststätte Johann und Jutta Bossard · Bossardweg 95 · 21266 Jesteburg · Tel.: 04183/51 12 · www.bossard.de

Glück zum Verschenken

Oft ist dies nur Kennern bekannt, aber Hamburg hat eine eigene Weinspezialität, den **Hamburger Rotspon**. Sie entstand schon im Mittelalter: Französischer Rotwein wurde in Fässern auf dem Seeweg in die Hansestadt transportiert und gelangte dort zur Flaschenreife. Und hier bekommt man den Rotspon zum Beispiel: Die **Weinkellerei und Spirituosen-Manufaktur Heinr. von Have**, gegründet 1868, ist heute die älteste familiengeführte Weinkellerei und Spirituosen-Manufaktur Hamburgs.

www.vonhave.de

Hamburg als Eau de Parfum – bleibende Erinnerungen in der Nase oder ein ganz besonderes Mitbringsel gibt es in schmucken Flacons. Simone und Stefan vom **acqua-di-hamburg** ließen sich von den Gegenden inspirieren, die das Besondere der Hansestadt ausmachen, und kreierten vier Parfüme mit außergewöhnlichen Duftnoten: Classic, Hafen, Kiez und Alster.

www.acqua-di-hamburg.de

Das Label **Ahoi Marie** steht für Porzellan und andere schöne Dinge mit hanseatisch-frechem Design. Im **Ahoi Marie Bootshaus** in der Neustadt vereint sich das mit maritimer Kulinarik. In den Regalen mit den zum Verkauf stehenden Produkten findet sich »so nebenbei« manches Hamburg-Souvenir. Die Kombüse bringt norddeutsche Spezialitäten, hausgemachte Suppen und Kuchen auf die Holztische – von der Krabbenfrikadelle bis zum Bagel mit Deichkäse und Himbeersenf.

www.ahoi-marie.com

Register nach Themen

AKTIV UND ENTSPANNUNG

ÜBERRASCHENDES

ab **€ 10,50***

*Stand: 03/2019 | Hamburg Tourismus GmbH | Wexstr. 7 | 20355 Hamburg

HAM BURG CARD

MEHR HAMBURG ERLEBEN & SPAREN!

Freie Fahrt
Überall freie Fahrt mit Bus, Bahn & Hafenfähren

Viele Rabatte
Bis zu 50% Rabatt bei über 150 touristischen Angeboten

Gratis-App runterladen
Alle Vorteile auf Ihrem Smartphone: hhcard.app

Jetzt kaufen
Online, App, Tourist-Information Hotel oder Fahrkartenautomaten

Hamburg
Tourismus

040-300 51 400 | HAMBURG-CARD.DE

Impressum

Verantwortlich: Claudia Hohdorf, Sarah Schindler

Lektorat: Britta Mümmler

Korrektorat: Viola Siegemund

Layout: Leeloo Molnar

Satz: Silke Schüler

Umschlaggestaltung: Leeloo Molnar

Repro: LUDWIG:media

Herstellung: Bettina Schippel

Printed in Slovenia by Florjancic

Unser komplettes Programm finden Sie unter

www.bruckmann.de

★ ★ ★ ★ ★

Sind Sie mit diesem Titel zufrieden? Dann würden wir uns über Ihre Weiterempfehlung freuen. Erzählen Sie es im Freundeskreis, berichten Sie Ihrem Buchhändler, oder bewerten Sie bei Onlinekauf. Und wenn Sie Kritik, Korrekturen, Aktualisierungen haben, freuen wir uns über Ihre Nachricht an Bruckmann Verlag, Postfach 40 02 09, D-80702 München oder per E-Mail an lektorat@verlagshaus.de.

Bildnachweis: Alle Bilder des Innenteils stammen von Christine Lendt, außer:
acqua-di-hamburg, S. 186 o.; Ahoi Marie, S. 197 u.; Bäderland Hamburg, S. 50, 110, 155; Chocoversum/Christian Perl, S. 63; Eisbüttel Ira Junge, S. 119 (3); Elbe&Flut/Thomas Hampel, S.11 (2); Freudenhaus, S. 48; Galerie Kulturreich/Sebastian Schupfner, S. 67 o.r.; Gin Blankenese/Esther Eberhardt, S. 144; Großer Michel, S. 27u.; Hafencitystudios/Martin Haag, S. 17 o.r., 17 u.; Heimatjuwel, S. 120 (2); Inspektour GmbH, S. 182; Koppel 66, S. 106; Kunststätte Bossard, S. 184, 185; Kunstverein Hamburg/Fred Dott , S. 82; Little Amsterdam, S. 125 ol, 125 u.; Loki Schmidt Stiftung, 181; Lookphotos/Hauke Dressler, S. 33; Mauritius Images: S. 24, 57 (Ian Dagnall/Alamy), 169 o., 174 (Christian Ohde), 177 o.l. (Martin Siepmann); Opernloft /Silke Heyer, S. 46; Park Café Schöne Aussichten, S. 68 (3); Picture Alliance: S. 42 (Chromorange), 134 o. (dpa); Schmidts Tivoli/Ingo Boelter, S. 30; Shutterstock: 27 (sweasy), 70 (rphstock), 76 o. (Maximiliane Wagner), 92 o.l. (Canetti), 92 o.r. (Anna K Mueller), 92 u. ibrix), 136 (Jens Rother), 142 u. (Kathy Burns); The Art of Hamburg, S. 104; Tourismusverein Altes Land e.V., S. 179 u., 179 o. (2, Diana Asbeck); Wikimedia Commons: 45 (Johannes Liebmann), 90, 135 o. (Pauli-Pirat), 91 (NordNordWest), 168 u. (Ingo Lattermann)

Umschlagvorderseite: Blick auf das Rathaus (powell 83/Stock.Adobe.com)
Umschlagrückseite: Stand-Up-Paddling auf dem Isebekkanal (links), Abendstimmung an der Kajüte.S.B.12 (rechts)

© 2019 Bruckmann Verlag GmbH, München

ISBN 978-3-7343-1437-7